Hans Walter Wolff · Dodekapropheton 6

Biblischer Kommentar
Altes Testament

Begründet von
Martin Noth

Herausgegeben von
Siegfried Herrmann, Werner H. Schmidt
und Hans Walter Wolff

Band XIV/6
Hans Walter Wolff
Dodekapropheton 6
Haggai

Neukirchener Verlag

Hans Walter Wolff

Dodekapropheton 6
Haggai

1986

Neukirchener Verlag

© 1986
Neukirchener Verlag des Erziehungsvereins GmbH
Neukirchen-Vluyn
Alle Rechte vorbehalten
Umschlag- und Einbandgestaltung: Kurt Wolff, Düsseldorf-Kaiserswerth
Gesamtherstellung: Breklumer Druckerei Manfred Siegel KG
Printed in Germany – ISBN 3-7887-1244-9

CIP-Kurztitelaufnahme der Deutschen Bibliothek

Biblischer Kommentar: Altes Testament / begr. von
Martin Noth. Hrsg. von Siegfried Herrmann . . . –
[Bd.–Ausg.]. – Neukirchen-Vluyn: Neukirchener Verlag
NE: Noth, Martin [Begr.]; Herrmann, Siegfried [Hrsg.]
Bd. XIV. Wolff, Hans Walter: Dodekapropheton.
6. Wolff, Hans Walter: Haggai. – 1986
Wolff, Hans Walter:
Dodekapropheton / Hans Walter Wolff. –
Neukirchen-Vluyn: Neukirchener Verlag
   (Biblischer Kommentar; Bd. XIV)
6. Wolff, Hans Walter: Haggai. – 1986
Wolff, Hans Walter:
Haggai / Hans Walter Wolff. – Neukirchen-Vluyn:
Neukirchener Verlag, 1986.
   (Dodekapropheton / Hans Walter Wolff; 6)
   (Biblischer Kommentar; Bd. XIV)
   ISBN 3-7887-1244-9

Dedicated to the
Honorable Board of Regents and Faculty of
the Distinguished
SAINT OLAF COLLEGE
(USA)
in Gratitude for Conferring the Honorary Degree
DOCTOR OF DIVINITY

Vorwort

Haggai ist einer der kleinsten unter den kleinen Propheten, ja, einer der meist-verachteten. Und doch bietet dieses Büchlein ein Modell wirksamer Verkündigung, im Disput mit einem trotzigen und verzagten Volk, mit Fragen und Mahnen, mit Zuspruch und aktivierender Verheißung. Der Leser erfährt in wenigen Auftritten, wie eine Hörerschaft aus dem Verdruß des Scheiterns in eine Hoffnung auf »Herrlichkeit« hineingenommen wird.

Auch dieser Teil der Erklärung des Zwölfprophetenbuchs ist bemüht, allen wichtigen Problemen heutiger Forschung auf der Spur zu bleiben, von Vätern und Brüdern dankbar lernend. Nach 35jähriger Mitarbeit am »Biblischen Kommentar« danke ich als Mitherausgeber wie als Autor dem Neukirchener Verlag für den Unternehmergeist, mit dem er in den ersten harten Jahren der Nachkriegszeit durch seinen Verlagsleiter Johannes Meyer-Stoll und den Direktor des Neukirchener Erziehungsvereins Pastor Kirchhoff dieses großzügig angelegte Werk gewagt hat. Jahr um Jahr schenkte der Verlag allen Autoren in der Karwoche kostbare Tage wissenschaftlichen Austauschs, und jeder druckfertige Teilband wurde durch seine jeweiligen Mitarbeiter verständnisvoll und sachkundig verlegerisch betreut. Wenn die Lieferungen langsamer erscheinen als ursprünglich geplant, so möchte die unerwartet hohe und (trotz Kostensteigerung) immer noch wachsende Zahl von Beziehern den Verlag wie die Autoren ermutigen, unverdrossen die Vollendung des Gesamtwerks anzustreben.

Ich widme diesen schmalen Band dem ehrwürdigen St. Olaf College (Minnesota) in Dankbarkeit für die freundschaftliche Aufnahme in seine Gemeinschaft des Forschens und Lehrens.

Beim mühsamen Geschäft der Manuskript-, der Fahnen- und der Umbruchkorrekturen halfen mir dieses Mal die Theologie-Studenten Manuel Goldmann und Martin Otten. Ich danke ihnen, daß sie sich an der kurpfälzischen Jagd auf Schreib- und Druckfehler erfolgreich beteiligt haben und dabei Leid wie Freud im Entstehen eines solchen Buches bereitwillig durchlebten.

Heidelberg, im April 1986   Hans Walter Wolff

Inhaltsübersicht

Der Prophet Haggai

Einleitung

§ 1.   Haggais Zeit

Haggais Zeit ist eine kurze Zeit. Keines anderen Propheten Zeit ist so genau bemessen. Innerhalb von dreieinhalb Monaten der zweiten Hälfte des Jahres 520 v.Chr. sind seine Sprüche datiert: auf den 1. VI. des zweiten Jahres des Königs Darius = 29. August 520 in 1,1, auf den 24. VI. desselben Jahres = 21. September in 1,15a, auf den 21. VII. = 17. Oktober in 1,15b–2,1 und auf den 24. IX. = 18. Dezember 520 in 2,10a.18b.20.

Es ist die Zeit des Exilsendes. Noch lasten die finsteren Schatten der Katastrophe des Jahres 587 auf Jerusalem. Der niedergebrannte Tempel liegt immer noch als Schutthaufen da. Schakale tummeln sich dort (Hag 1,4.9; Klgl 5,18). Zwar hatte Cyrus schon im ersten Jahr seiner Regierung (538) angeordnet, das Jerusalemer Heiligtum neu aufzubauen (Esr 6,3). Aber die Arbeiten, die Scheschbazzar damals als »Statthalter« eingeleitet hatte, veränderten in 18 Jahren das klägliche Bild kaum (Esr 5,14–16).

Es bedurfte stärkerer Kontingente von Rückwanderern aus dem babylonischen Exil, um den durch Cyrus ermöglichten Wiederaufbau zu verwirklichen. Diese größeren Heimkehrergruppen trafen wohl in der zweiten Hälfte der Regierungszeit des Cyrus-Sohnes Kambyses ein, wahrscheinlich im Zusammenhang mit dessen Feldzügen nach Ägypten (525–522) oder noch im Übergang zu Darius' Herrschaft 522–521. Sie standen unter der Führung des zum »Statthalter von Juda« ernannten Serubbabel (Hag 1,1.12.14; 2,2.4.21.23; vgl. Esr 2,2, s.u. S. 21f.). Damit bot sich für Propheten wie Haggai eine neue Möglichkeit der Anregung. Hoffnung für den Tempelbau lebte auf.

Auch Nachrichten aus der Weite des persischen Weltreichs bewegten die Geister. Darius I. Hystaspes (s.u. S. 19f. und S. 54ff.) hatte von 522 bis 521 gegen zahlreiche Rebellen zu kämpfen, so daß seine Herrschaft über ein riesiges Weltreich vom Nil bis fast zum Indus (s.u. S. 55) erst nach mehr als einem Jahr gefestigt war, etwa zur Zeit von Haggais Auftreten. So hatte Jerusalem einerseits Ruhe, insofern die Kämpfe der Rivalen hauptsächlich im ferneren Osten spielten. Andererseits gab es Kreise, die auf jede ungewöhnliche Aktion mit Öffentlichkeitscharakter empfindlich reagierten. So mußten Spannungen zwischen der persischen Provinz Juda und der Nachbarprovinz Samaria wegen der Beteiligung am Tempelbau (Esr 4,1–5; Hag 2,14 und u. S. 71ff.) wenigstens zu politischen Kontrollen in Jerusalem führen, wie sie mit der Visitation des Satrapen von Abarna-hara Tattenai aus Damaskus während des Tempelbaus nach Esr 5,3–10 erfolgte (s.u. S. 22).

Die Anstöße Haggais zur Aufnahme des Tempelbaus schlugen so ihre Wellen bis ins Zentrum des Perserreichs hinein (Esr 5,11–6,13). Mit Hilfe des Großkönigs kam es innerhalb von nur viereinhalb Jahren zur Vollendung des zweiten Tempels, während man für den Bau des salomonischen Tempels siebeneinhalb Jahre gebraucht hatte (vgl. Hag 1,1.15a.b–2,1; Esr 6,15 mit 1Kön 6,1.37f.). Das prophetische Wort weniger Monate wirkte in weite Räume. Das zerstreute Volk fand seinen alten Sammelpunkt aufs neue. Er diente ihm nun durch weitere fünf Jahrhunderte. Die kurze Zeit prophetischen Wirkens hat zu einer Zeitenwende geführt.

§ 2.   Der Mensch Haggai

Einen Menschen namens Haggai gibt es innerhalb des Alten Testaments nur einmal. Es ist der in der zweiten Hälfte des Jahres 520 v.Chr. aufgetretene Prophet, dessen Verkündigung uns im zehnten Buch des Dodekapropheton überliefert ist. Hier wird sein Name neunmal erwähnt (1,1.3.12.13; 2,1.10.13.14.20). Außerdem ist er in Esr 5,1; 6,14 angeführt, und zwar zusammen mit Sacharja. Aus chronologischen Gründen (vgl. Hag 1,1 mit Sach 1,1) steht Haggai an erster Stelle, wie denn auch in der Ordnung des Zwölfprophetenbuches Sacharja auf Haggai folgt.

In der Umwelt des Alten Testaments ist der Name Haggai beliebt, wie Belege auf hebräischen Siegeln, in aramäischen Quellen, auch in akkadischen und ägyptischen Parallelen zeigen (s.u. S. 20f.). Der Grund dieser weiten Verbreitung ist in seiner Bedeutung zu sehen: an einem Festtag (חג) geboren zu sein galt als gutes Vorzeichen. Im Namen klingt die Freude über den Geburtstag nach: »Meine Festtagsfreude!« (s.u. S. 21).

Unser alttestamentlicher Haggai wird von seinem Chronisten fünfmal »der Prophet« genannt (1,1.3.12; 2,1.10), zweimal auch in der aramäischen Chronik im Esrabuch (5,1; 6,14). Einmal wird Haggai von dem ersten Überlieferer der Haggaisprüche besonders betont als »der Bote Jahwes« eingeführt (1,13; s.u. S. 32f.); so werden Propheten sonst nur noch in Jes 44,26 und 2Chr 36,15f. bezeichnet. Man wird ihn schon deshalb kaum als »Kultpropheten« ansehen dürfen, wenn auch sein Eifer für den Wiederaufbau des Jerusalemer Tempels zu dieser Meinung geführt hat. Aber nicht nur seine häufige Verwendung der klassischen Botenspruchformel (1,2.5.7.8; 2,6.7.9a.11) und der Gottesspruchformel (»Spruch Jahwes«

1,9.13; 2,8.9.14.17 und je dreimal in 2,4 und 2,23; s.u. Exkurs S. 78f.) spricht dagegen. Priesterlichen Fragen steht er fast wie ein Fremder gegenüber (2,11–13). Andererseits spricht er den Hohenpriester ebenso überlegen an wie den Statthalter (1,1.12.14; 2,2.4). Sein Einsatz für den Tempelbau ist von glühender Zukunftserwartung getragen (2,6–9.21f.23). So hat sich Haggai der nachexilischen Gemeinde als ein Prophet mit außerordentlicher Vollmacht eingeprägt. Seine kritische Energie führte durch seine Zuversicht zum Erfolg (Hag 1,12–14; Esr 5,1f.; 6,14).

Schwieriger ist die Frage zu beantworten, ob Haggai zu den nicht-deportierten Altjudäern oder zu den mit Serubbabel und Josua heimgekehrten Gliedern der Gola gehörte. Daß er in der Heimkehrerliste Esr 2 / Neh 7 nicht erwähnt wird und daß er kein Wort der Erinnerung an das Exil (wie Sacharja, z.B. 1,14ff.; 2,10ff.; 6,15) verlauten läßt, jedoch lebhaftes Interesse an bäuerlichen Problemen der Heimat zeigt (1,6.10f.; 2,16.19), kann dafür sprechen, daß er der daheimgebliebenen Landbevölkerung angehörte und als solcher Serubbabel und Josua, den Statthalter und den Hohenpriester als Anführer der Rückwanderergemeinde ansprach.

Über Haggais Alter wird uns direkt ebensowenig mitgeteilt wie über die Dauer seiner Wirksamkeit. Gut dreieinhalb Monate sind durch Datierung seiner Auftritte verbürgt (s.o. S. 1). Aus 1,2f. zu schließen, daß die in 2 konstatierte Meinung des Volkes schon auf eine frühere Verkündigung Haggais reagierte (WRudolph), ist schwerlich erlaubt, wenn man die Genauigkeit und die Vollständigkeit der redaktionellen Datierungen sowie deren Verarbeitung aus Auftrittsskizzen durch den Haggai-Chronisten annimmt (s.u. S. 16f.). Unsicher ist auch ein Schluß aus 2,3, Haggai habe selbst zu denen gehört, die sich im Jahre 520 noch an die Schönheit des 587 zerstörten Tempels erinnern konnten, die also mehr als siebzig Jahre alt waren. Merkwürdig bleibt, daß die Überlieferung von Haggaiworten, die den Anfang der Tempelbauarbeiten bewirkten und begleiteten, schon nach dreieinhalb Monaten abbricht. Ist Haggai bald nach dem 18. Dezember 520 gestorben?

§ 3. Das Buch Haggai

Die vorliegende Endgestalt des Haggaibuches bietet vier Wortereignisberichte (1,1–15a; 1,15b–2,9; 2,10–19; 2,20–23). Sie gehen (mit fünf Datierungen: 1,1; 1,15a; 1,15b–2,1; 2,10; 2,20) sehr wahrscheinlich auf fünf Auftritte des Propheten zurück (1,1–14; 1,15a+2,15–19*; 1,15b–2,9*; 2,10–14; 2,20–23); s.u. S. 40ff.

In ihrer Überlieferung sind drei Wachstumsringe zu unterscheiden. Den Kern bildet die prophetische Verkündigung in den fünf Auftritten (1,4–11; 2,15–19*; 2,3–9*; 2,14; 2,21b–23*). Dieses Korpus der Prophetensprüche stammt literarisch nicht vom Propheten selbst; das Ich Haggais erscheint nie. Es ist vermutlich einem Schüler zu verdanken (vgl. Jes 8,16; Jer 36), der in Auftrittsskizzen (s.u. S. 17.52 u.ö.) nicht nur die genannten prophetischen Worte festhielt, sondern dazu deren Wirkungsgeschichte (1,12b–13) oder Vorgeschichte (2,11–13) und auch den Widerspruch der Hörer (1,2).

Den äußeren Ring bilden die Wortereigniseinführungen (1,1–3; 1,15a; 1,15b–2,2; 2,10; 2,20–21a). Sie bringen regelmäßig zum Text der Auftrittsskizzen hinzu das Datum des Auftritts (darum nennen wir diesen Endredaktor den Haggai-Chronisten), darüber hinaus meist den Hinweis auf das Ereignis des Jahweswortes, ferner den Namen Haggais als Vermittler oder Empfänger (s.u. S. 20) des Wortes und schließlich die Adressaten des Prophetenwortes. Auf den Chronisten geht wahrscheinlich auch die Übernahme des Widerspruchs des Volkes in 1,2b zurück; der Chronist hat ihn vermutlich dem alten Anfang der Auftrittsskizze vor 1,4ff. entnehmen können; darauf weist auch die Botenformel 1,2a hin; sie paßt nicht zu 2b, wohl aber zur Sprache der Auftrittsskizzen (s.u. S. 16). Der Chronist benötigt 1,2 einleitend zur Situationsschilderung. Danach nimmt er in V. 3 die für ihn typische Wortereignisformel aus V. 1 noch einmal auf sowie den Hinweis auf »den Propheten« Haggai als Vermittler gemäß dem Wortlaut von V. 1. Ferner hat der Haggai-Chronist vermutlich 2,15–19* von 1,15a getrennt und hinter 2,10–14 gestellt (s.u. S. 42ff.). Auch hat der Chronist gelegentlich ergänzend in die übernommenen Auftrittsskizzen hineingewirkt, so mit der Anrede des Hohenpriesters Josua in 2,4 (s.u. S. 53), mit dem »Jetzt aber« am Kopf von 2,15 (s.u. S. 42) und mit den Datierungen in 2,18b (s.u. S. 43). (Erwägungen zur Zweiphasigkeit der Haggai-Chronik s.u. S. 19 und S. 77.)

Andere Ergänzungen sind als spätere Nachträge anzusehen (2,5aα.17; die beiden letzten Wörter in 2,18 und die vier ersten Wörter in 2,19aβ sowie die längeren Erweiterungen der G am Ende der Verse 2,9.14.21.22bα). Grundsätzlich sei darauf hingewiesen, daß die Zuordnung einzelner Nachträge zu den Auftrittsskizzen oder zur Haggai-Chronik unsicherer bleiben muß als die prinzipielle Unterscheidung von Auftrittsskizzen und Haggai-Chronik.

Am wichtigsten für die Entstehungsgeschichte des Buches bleibt die Unterscheidung der Auftrittsskizzen als dem literarischen Kern und der Haggai-Chronik als der maßgeblichen Endredaktion. Die Begründung erfolgt im Zuge der Kommentierung. Hier werden vor allem die zwingenden Belege, dazu einige wahrscheinliche Folgerungen zusammengestellt, soweit sie Diskussionswert haben.

Die Sprache des Haggai-Chronisten unterscheidet sich unüberhörbar von der der Auftrittsskizzen. Besonders zwingend ist der Befund in der

Dublette 1,12b–13 und 1,12a.14. Die Auftrittsskizze nennt als Adressaten des Jahwewortes zweimal nur »das Volk« (12b.13a), der Chronist hingegen den Statthalter, den Hohenpriester und »den gesamten Überrest des Volkes« (12a.14a; vgl. 1,1 und 2,2). Die Auftrittsskizze nennt Haggai ungewöhnlich »den Boten Jahwes« (13a); beim Chronisten heißt er »der Prophet« (12a wie fast immer in den Wortereigniseinführungen des Chronisten: 1,1.3; 2,1.10). Die Wirkung des Prophetenwortes wird dementsprechend verschieden berichtet (vgl. 12a.14 mit 12b.13; s.u. S. 32ff.).

Im übrigen Buch spricht der Haggai-Chronist regelmäßig vom Wortereignis (»Jahwes Wort erging . . .«; 1,1.3; 2,1.10.20), während die Auftrittsskizzen die Botenformel »(So) hat Jahwe gesprochen« achtmal und die Gottesspruchformel »Spruch Jahwes (Zebaot)« zwölfmal benutzen, auch da, wo sie im jetzigen Kontext nicht paßt (wie in 1,2) oder neben der Wortereignisformel überflüssig erscheint (vgl. 2,10b mit 11a). In 2,10–14 fällt zudem auf, daß der Chronist in 2,10 Haggai »den Propheten« nennt, wie er es regelmäßig tut (außer 2,20, s.o. Z. 5ff. und u. S. 77), während der Prophetenschüler nur von »Haggai« spricht (2,13.14).

Besonders beachtenswert für die Entstehungsgeschichte des Buches bleibt es, daß die Auftrittsskizzen als Adressaten »das Volk« (1,2.12b.13a) oder »das ganze Volk des Landes« (2,4) nennen, während der Chronist betont und an erster Stelle den Statthalter Judas Serubbabel und den Hohenpriester Josua nennt (1,1), dazu den »(ganzen) Überrest des Volkes« (1,12a.14; 2,2; vgl. zu 2,4 u. S. 53). In 2,20 wird vom Haggai-Chronisten nur »Serubbabel, der Statthalter Judas« als Adressat genannt, während der Spruch selbst in der Auftrittsskizze (V. 23) Serubbabel (ohne den persischen Statthaltertitel) als Knecht Jahwes anspricht. Schon in 2,4 fehlt in der Auftrittsskizze der Titel »Statthalter Judas«, der in der chronistischen Einleitung 2,2 sorgfältig notiert wird; vgl. 1,12a und u. S. 34. Nach solchen Beobachtungen dürfte die Unterscheidung zwischen den Auftrittsskizzen und der Haggai-Chronik unverzichtbar sein, wenn auch einige wenige Probleme bleiben.

Wie aber ist es von der Sammlung der Auftrittsskizzen zu den Wortereignisberichten der Haggai-Chronik und damit zum heutigen Buche Haggai gekommen? Man wird die Antwort vom Ende der Auftrittsskizzen her suchen müssen. Erst im letzten Spruch Haggais an Serubbabel wird die große Bedeutung des Statthalters von Juda als Knecht Jahwes ganz klar. Man wird diese spezielle Anrede und vor allem die Ernennung zum »Siegel« nicht vom Generalthema des Haggaibuches trennen dürfen. Dann aber besagt 2,23: Serubbabel wird den Tempelbau vollenden und besiegeln (vgl. Sach 4,9). In den früheren Spruchgruppen wird Serubbabel höchstens ein einziges Mal erwähnt (2,4; zur Problematik s.u. S. 52f.). Weder in 1,4–11 noch in 2,15–19 noch in 2,3–9 spielt er in Haggais Worten eine wesentliche Rolle. In der Regel scheint mit der häufigen

2.pers.plur. das Volk im ganzen angesprochen zu werden. Erst im Laufe der Wochen zwischen dem 1. VI. = 29. August und dem 24. IX. = 18. Dezember wurde die große Bedeutung des Statthalters deutlich. So wird die Sammlung von Haggais allerersten Sprüchen in 1,4–11 für Serubbabel und Josua in 1,1 dokumentiert; die Reaktion des Volkes, dem Haggais Wort zuerst galt, wird dem Statthalter und dem Hohenpriester gleichsam als Anklage mitgeteilt (1,1–2). Besonders auffällig ist aber nun, wie in 1,12–14 die Reaktion des Volkes dargestellt wird. Hatte der Prophetenschüler nur von der Gottesfurcht »des Volkes« gesprochen (1,12b), so berichtet die Haggai-Chronik in 12a.14 von der Erweckung Serubbabels, Josuas und »des ganzen Überrestes des Volkes«. Das besagt aber doch, daß der jüngst heimgekehrte Statthalter von Juda, der Hohepriester und die mit ihnen aus dem Exil Heimgekehrten dem Aufruf Haggais folgten und nicht »das Volk« schlechthin. Diese genauere Bestimmung wiederholt sich in 2,2 und 4 (s.u. S. 52f.).

Sollte sich hier nicht die Entscheidung des vierten Auftritts in 2,14 spiegeln, die die »unreinen« Samaritaner von der Mitarbeit am Tempelbau ausschloß? Nach Esr 4,1–5 war es auch Serubbabel, der diese Entscheidung durchzuführen hatte. Demnach sind es die Klärungen der beiden Auftritte vom 24. IX. = 18. Dezember – die Entscheidung gegen die »Unreinen« und der Zuspruch an Serubbabel –, denen die Überarbeitung der Haggai-Chronik zu verdanken ist. Hinzu kam wesentlich die Zuordnung von 2,15–19 zu 2,10–14, wonach die Wende zum Heil nicht schon am 24. VI. = 21. September fällig war, sondern erst mit der Absage an die Samaritaner am 24. IX. = 18. Dezember (s.u. S. 43f.).

Was aber bedeutet das für die Entstehung des Haggaibuches? Haggai hat nach dem Zeugnis der Auftrittsskizzen alles erreichbare Volk Schritt für Schritt zum Wiederaufbau des Tempels veranlaßt. Die Haggai-Chronik, die in der endgültigen Fassung des Buches vorliegt, dokumentiert, daß die entscheidenden Maßnahmen auf den Statthalter Serubbabel und seine Heimkehrergemeinde zurückgehen. Zu dieser Entscheidung wurde Haggai selbst gemäß seinen letzten beiden Auftritten geführt.

§ 4.   Haggais Sprache

Wenn Haggai wesentlich dazu beitrug, daß der Aufbau des zweiten Tempels in Angriff genommen wurde – trotz größter Schwierigkeiten –, dann geht dies nicht zuletzt auf die Eindruckskraft seiner Sprache zurück.

Vor allem sind er und seine Schüler davon überzeugt, daß er ein vollmächtiger »Bote Jahwes« ist; s.u. zu 1,13a. So finden sich in jenen 24 Versen, die sehr wahrscheinlich seine Prophetensprüche wiedergeben, nicht weniger als 23 Wortformen (Verb-, Nominal- und Pronominalformen) mit dem Ich Jahwes. Entsprechend häufig kommen die Botenformel (achtmal) und die Gottesspruchformel (zwölfmal) vor. 2,23 zeigt beispielhaft und eindrucksvoll, wie die dreifache Gottesspruchformel das Ich Jahwes Wort für Wort betont; s.u. S. 78f.: Exkurs zur Gottesspruchformel.

Doch nicht weniger wichtig in Haggais Sprache ist die deutliche Vorherrschaft von Sätzen direkter Anrede seiner Hörer. In den 24 Versen, die auf ihn selbst zurückgehen, finden sich 27 Wortformen (Pronomina, Suffixe und Affixe) der 2.pers.plur. und fünf der 2.pers.sing. Der lebhaft dialogische Charakter seiner Sätze wird durch die ungewöhnlich große Zahl von zehn Imperativen einerseits (1,5.7; 2,15.18a; je dreimal in 1,8a und 2,4a cj.) und acht Fragen andererseits (1,4.9; 2,16a cj.; 2,19a [zweimal, s. S. 40] und dreimal in 2,3) dokumentiert. Eine fast stürmische Zudringlichkeit zeigt dieser Diskussionsstil, der seine Hörer nicht losläßt, wenn Haggai sie vor seinen Gott stellt.

So verwundert es nicht, daß unter den Redegattungen der Mahnruf eine leitende Funktion hat. Er führt hauptsächlich zur Einsicht in die Schuld (1,5b.7b) und zur Beobachtung des Umbruchs der Notzeit zum Segen (2,15a.18a). Auch wo der Mahnruf zu konkreten Taten ruft (1,8a; 2,4), wird er nicht etwa mit Gerichtsdrohungen bekräftigt, sondern immer mit Heilsverheißungen (1,8b; 2,4b.6–9; 2,19). So schließt denn auch das Buch mit einer bedingungslosen Verheißung (2,23).

Wenn die leitenden Mahnrufe zur Schuldeinsicht führen, so bringt das eine Abwandlung älterer Gattungen mit sich. Aus den Nichtigkeitsflüchen werden berichtende Flucherfüllungssprüche (1,6.9a, s.u. S. 27ff.), aus dem begründeten Gerichtswort der klassischen Propheten wird ein argumentierendes Berichten, das gegenwärtige Not (1,9a) auf fortdauernde Schuld (1,9b–10) und bereits erfülltes Gerichtswort (11) zurückführt. Strenges Argumentieren (»Warum?« – »weil« – »deshalb« 9b–10) nimmt den Begründungszusammenhang »pädagogischer Geschichtsdeutung« aus deuteronomistischen Texten auf (vgl. 1Kön 9,7–9 und u. S. 30). Alles Wichtige steht unter dem Mahnruf zur Einsicht.

Kleine Stilmittel verstärken die Eindringlichkeit der Rede. Die Alliteration (1,4.9.11) חֹרֶב – חָרֵב verdichtet den Zusammenhang des verwüsteten Tempels mit dem verdorrten Land. Die Antithese »euer Haus« – »Jahwes Haus« (1,4.9b) verzahnt unüberhörbar Schuld und Not. Ein Lehrsatz (2,8) bekräftigt die Verheißungen (2,7.9a). Beistandszusagen (1,13b; 2,4b.5aβ.b) begleiten die leitenden Mahnrufe. Ein Rechtsentscheid (2,14) überträgt Vergleichsworte priesterlicher Tora (2,11–13) in ein folgenschweres Urteil. Eine einmalige Untergangsdrohung aller Waffengewalt der Völker (2,21b–22) zeigt nur die Kehrseite der Verheißung für die Tempelgemeinde (vgl. 2,6f.23).

Insgesamt hat die Kraft und die Vielfalt der Redeformen Haggais – bei nur fünf Auftritten – ein Bauwerk aus dem Schutt zu neuer Schönheit zu errichten geholfen, das für fünf Jahrhunderte zum Mittelpunkt des Judentums wurde. Als sprachliches Lehrstück kann Haggais Wort Anstöße für alles Bauen in der Gemeinde vermitteln.

§ 5.   Haggais Botschaft

Von einer einzigen Frage ist Haggai umgetrieben: Wie kommt es zum Aufbau des zerstörten Jerusalemer Tempels? Sein Erfolg (Esr 6,14f.) spiegelt eine ungemeine Aktivierungsenergie.

Im ersten Auftritt zeigt sich ein doppelter Antrieb: die Schulderkenntnis, die eine gegenwärtige Dürre auf das Versäumnis der Tempelbauarbeiten zurückführt (1,4–6.9–11), und die Verheißung, die Jahwes herrliche Gegenwart denen zusagt, die zugreifen (1,8).

Der zweite Auftritt verdeutlicht die Verheißung als Antrieb zur Arbeit: der Tag des Baubeginns bedeutet die Wende vom Fluch zum Segen (2,15f.18a.19; s.u. S. 47ff.). Nicht erst die Vollendung des Bauwerks, sondern schon die allererste Hinwendung zum Gehorsam erfährt Jahwes Segen.

Der dritte Auftritt wehrt der Unlust zur Arbeit mit zwei weiteren Antriebsmotiven: der unbedingten, wiederholten Zusage des göttlichen Beistands (2,4b.5aβ.b) und einer dreifachen Erweiterung der Verheißung. Die Erweiterung erstreckt sich ins Universale der Materialhilfe (2,6f.), bis dahin, daß die Schönheit von Salomos Tempel übertroffen wird (2,8–9a) und daß Jahwe vom Heiligtum her volles Heil spenden wird (2,9b).

Im vierten Auftritt folgt den Erweiterungen der Verheißung eine Einschränkung der Mitarbeiterschaft (2,14; s.u. S. 71f.74f.). Das strenge Urteil »Unreinheit steckt an« tritt der Erwartung falscher Helfer entgegen.

Der fünfte Auftritt zeigt zunächst noch einmal den universalen Horizont von Haggais Prophetie. Der Fremdvölkerspruch nimmt Serubbabel alle Furcht vor den bewaffneten Mächten (2,21–22; s.u. S. 86f.). Zum andern wird Serubbabel als Jahwes Knecht und Anführer der Heimkehrergemeinde zum bevollmächtigten Garanten der Tempelbauvollendung bestellt (2,23; vgl. Sach 4,9). Damit wird die Fülle der Verheißungen, die im wesentlichen die Tempelbauaktivitäten gefördert haben, am Ende personifiziert. Mit Serubbabel setzt der Gott Israels sein Siegel unter die Zusage seiner Gegenwart, seines Segens und des Friedens (1,8b; 2,9b.19b).

Haggais wirksame Botschaft wurde im Hinblick auf den Tempel nach fünf Jahren erfüllt (Esr 6,14f.). Statt Serubbabel wurde Repräsentant des Segens und Friedens Gottes nach mehr als fünfhundert Jahren gemäß dem Neuen Testament ein anderer.

Haggai gehört zu dessen Vorboten, indem er darauf drängt, das gegenwärtig Gebotene auf das Endgültige hin zu tun, über dem Schutthaufen des Gerichtsfluches die Herrlichkeit des Hauses Gottes neu wahrzunehmen und die umwälzenden Geschehnisse in der Völkerwelt in Beziehung zu sehen zum alten und neuen Gottesvolk und zu seinem Messias.

§ 6. Literatur

Literatur zum Dodekapropheton bis 1976 s. BK XIV/3 (1977) 8–11.

1. **Kommentare zu Haggai:** HEwald, Die Propheten des Alten Bundes III (1841.²1868). – CFKeil, Biblischer Commentar über die zwölf kleinen Propheten: BC III/4 (1866.³1888). – CvOrelli, Die zwölf kleinen Propheten: KK V/2 (1888.³1908). – JWellhausen, Die kleinen Propheten übersetzt und erklärt (1892.³1898 = ⁴1963). – TAndré, Le prophète Aggée (1895). – GASmith, The Book of the Twelve Prophets: ExpB (1896.²1928). – WNowack, Die kleinen Propheten: HK III/4 (1897.³1922). – KMarti, Das Dodekapropheton: KHC (1904). – AvanHoonacker, Les douze petits prophètes: EtB (1908). – BDuhm, Anmerkungen zu den zwölf Propheten: ZAW 31 (1911) 1–43.81–110.161–204. – HGMitchell, Haggai and Zechariah: ICC (1912.²1961). – MHaller, Das Judentum: SAT II/3 (1914.²1925). – OProcksch, Die kleinen prophetischen Schriften: EzAT II (1916.²1929). – ESellin, Das Zwölfprophetenbuch: KAT XII/2 (1922.²·³1930). – PFBloomhardt, The Poems of Haggai: HUCA 5 (1928) 153–195. – JRidderbos, De kleine Profeten III (Hag-Mal): KVHS (1930.²1952). – HJunker, Die zwölf kleinen Propheten II: HSAT VIII/3/II (1938). – FHorst (ThHRobinson-FHorst), Die zwölf kleinen Propheten: HAT I/14 (1938.³1964). – HFrey, Das Buch der Kirche in der Weltwende. Die kleinen nachexilischen Propheten: BAT 24 (1941.⁵1963). – FNötscher, Zwölfprophetenbuch: EchterBibel (1948.²1957). – JABewer, The Book of the Twelve Prophets: HAB (1949). – JCoppens, Les douze petits prophètes (1950). – KElliger, Das Buch der zwölf kleinen Propheten II: ATD 25/II (1950.⁷1975). – MSchumpp, Das Buch der zwölf Propheten: HBK X/2 (1950). – DDeden, De kleine Profeten (Nahum – Malachias): BOT XII/7–12 (1956). – KFThLaetsch, The Minor Prophets: Bible Commentary St. Louis, Miss. (1956). – DWThomas, The Book of Haggai: IntB VI (1956) 1035–1050. – KDBucholtz, Haggai – Sacharja – Maleachi: Stuttgarter Bibelhefte (1960). – AGelin, Aggée – Zacharie – Malachie: BiJer (1960.²1973). – PRAckroyd, Haggai – Zechariah: New Peake's Commentary on the Bible (1962) 643–651. – JHGailey jr., Micah to Malachi: The Layman's Bible Commentary 15 (1962). – DRJones, Haggai, Zechariah and Malachi: TBC (1962). – AMBonnardière, Les douze petits prophètes: BAug (1963). – ADeissler, Les petits prophètes: SB(PC) VIII (1964) 473–499. – JLKoole, Haggai: COT (1967). – TChary, Aggée – Zacharie – Malachie: SBi (1969). – DJWiseman, Haggai: New Bible Commentary (³1970) 781–785. – JGBaldwin, Haggai, Zechariah, Malachi: TOTC (1972). – GFohrer, Die Propheten des ausgehenden 6. und des 5. Jh.: Die Propheten des Alten Testaments Band 5 (1976) 37–49. – WRudolph, Haggai – Sacharja 1–8 – Sacharja 9–14 – Maleachi: KAT XIII/4 (1976) 19–58. – RAMason, The Books of Haggai, Zechariah and Malachi: CBC (1977). – FJStendebach, Prophetie und Tempel. Haggai – Sacharja – Maleachi – Joel: Stuttgarter kleiner Kommentar (1977). – SAmsler (SAmsler-ALacocque-RVuilleumier), Aggée

(– Zacharie – Malachie): CAT XIc (1981) 11–42. – ASvanderWoude, Haggai Maleachi: De Prediking van het Oude Testament (1982) 7–76. – DLPetersen, Haggai and Zechariah: OTL (1984).

2. Gesamtdarstellungen zu Haggai: HBardtke, Haggai: EKL II (1958) 5f. – RBach, Haggai. Haggaibuch: RGG³ III (1959) 24–26. – WNeil, Haggai: IDB 2 (1962) 509–511. – JLindblom, Prophecy in Ancient Israel (1963). – MLHenry, Haggai: BHH II (1964) 624f. – IHEybers, Haggai, The mouthpiece of the Lord: ThEv 1 (1968) 62–71. – KKoch, Die Profeten II. Babylonisch-persische Zeit (1980) 163–178. – HWWolff, Haggai/Haggaibuch: TRE 14 (1985) 355–360.

3. Zur Textkritik: KBudde, Zum Text der drei letzten kleinen Propheten: ZAW 26 (1906) 1–28 (7–17). – ABEhrlich, Randglossen zur hebräischen Bibel V (1912. Nachdruck 1968) 319–324.

4. Literarhistorisches und Redaktionsgeschichtliches: WBöhme, Zu Maleachi und Haggai: ZAW 7 (1887) 210–217 (215f.). – ESellin, Studien zur Entstehungsgeschichte der jüdischen Gemeinde II (1901). – JWRothstein, Die Genealogie des Königs Jojachin und seiner Nachkommen (1. Chr. 3,17–24) in geschichtlicher Beleuchtung (1902). – Ders., Juden und Samaritaner. Die grundlegende Scheidung von Judentum und Heidentum. Eine kritische Studie zum Buche Haggai und zur jüdischen Geschichte im ersten nachexilischen Jahrhundert: BWAT 3 (1908). – PRAckroyd, Studies in the Book of Haggai: JJS 2 (1951) 163–176; 3 (1952) 1–13. – Ders., The Book of Haggai and Zechariah 1–8: JJS 3 (1952) 151–156. – Ders., Some Interpretative Glosses in the Book of Haggai: JJS 7 (1956) 163–167. – Ders., Two Old Testament Historical Problems of the Early Persian Period: JNES 17 (1958) 13–27. – FSNorth, Critical Analysis of the Book of Haggai: ZAW 68 (1956) 25–46. – RAMason, The Purpose of the ›Editorial Framework‹ of the Book of Haggai: VT 27 (1977) 413–421. – RWPierce, Literary Connectors and a Haggai/Zechariah/Malachi Corpus: JETS 27 (1984) 277–290.

5. Stilkritik und Formgeschichte: JBegrich, Die priesterliche Tora: BZAW 66 (1936) 63–88 = Ders., GesStud z. AT: TB 21 (1964) 232–260. – KKoch, Haggais unreines Volk: ZAW 79 (1967) 52–66. – JWWhedbee, A Question-Answer-Scheme in Haggai 1. The Form and Function of Haggai 1,9–11: Biblical and Near Eastern Studies, Festschr WSLaSor, ed. GATuttle (Grand Rapids 1978) 184–194.

6. Traditionsgeschichtliches: WAMBeuken, Haggai – Sacharja 1–8. Studien zur Überlieferungsgeschichte der frühnachexilischen Prophetie: SSN 10 (1967). – KMBeyse, Serubbabel und die Königserwartungen der Propheten Haggai und Sacharja: AzTh I/48 (1972).

7. Zur Person Haggais: MNoth, Die israelitischen Personennamen im Rahmen der gemeinsemitischen Namengebung: BWANT III/10 (1928.²1980). – FJames, Thoughts on Haggai and Zechariah: JBL 53 (1934) 229–235. – MDCoogan, West Semitic Personal Names in the Murašû Documents: Harvard Semitic Monographs 7 (1976). – RRWilson, Prophecy and Society in Ancient Israel (1980) 287–288. – JBlenkinsopp, A History of Prophecy in Israel (1983) 231–233. – EMMeyers, The Use of tôrâ in Haggai 2,11 and the Role of the Prophet in the Restoration Community: The Word of the Lord Shall Go Forth, Festschr DNFreedman, ed. CLMeyers-MO'Connor: ASOR: Special Volume Series Nr. 1 (1983) 69–76.

8. Zur Zeit Haggais: ABentzen, Quelques Remarques sur le mouvement messianique parmi les Juifs aux environs de l'an 520 avant J.-Chr.: RHPhR 10 (1930) 493–503. – OLeuze, Die Satrapieneinteilung in Syrien und im Zweistromlande von 520–320: SKG.G 11/4 (1935). – ThChary, Les prophètes et le culte à partir de l'exil (1954). – RAParker-WHDubberstein, Babylonian Chronology

626 B.C. – A.D. 75 (1956). – EJanssen, Juda in der Exilszeit: FRLANT 69 (1956). – FIAndersen, Who built the Second Temple?: ABR 6 (1958) 1–35. – KBaltzer, Das Ende des Staates Juda und die Messias-Frage: Studien zur Theologie der alttestamentlichen Überlieferungen (hg. RRendtorff-KKoch 1961) 33–43. – KGalling, Serubbabel und der Wiederaufbau des Tempels in Jerusalem: Verbannung und Heimkehr, Festschr WRudolph (hg. AKuschke 1961) 67–96. – Ders., Studien zur Geschichte Israels im persischen Zeitalter (1964). – APetitjean, La mission de Zorobabel et la reconstruction du temple: EThL 42 (1966) 40–71. – PRAckroyd, Exile and Restoration (1968) 153–170. – MADandamaev, Persien unter den ersten Achämeniden (6. Jh. v.Chr.): Beiträge zur Iranistik 8 (1976). – ThABusink, Der Tempel von Jerusalem von Salomo bis Herodes II. (1980) Kap. X: Der Tempel Serubbabels 776–841. – EJBickerman, La seconde année de Darius: RB 88 (1981) 23–28. – SJaphet, Sheshbazzar and Zerubbabel: ZAW 94 (1982) 66–105; 95 (1983) 218–229. – WSchottroff, Zur Sozialgeschichte Israels in der Perserzeit: VF 27 (1982) 46–68. – RBorger, Die Chronologie des Darius-Denkmals am Behistun-Felsen: NAWG (1982) 103–132. – RBorger-WHinz, Die Behistun-Inschrift Darius' des Großen: TUAT I/4 (1984) 419–450.

9. Zur Theologie und Botschaft Haggais: LWaterman, The Camouflaged Purge of Three Messianic Conspirators: JNES 13 (1954) 73–78. – RTSiebeneck, The Messianism of Aggeus and Proto-Zacharias: CBQ 19 (1957) 312–328. – HBardtke, Der Erweckungsgedanke in der exilisch-nachexilischen Literatur des Alten Testaments: BZAW 77 (1958. ⁴1971) 9–24. – GvRad, Die Stadt auf dem Berge: EvTh 8 (1948/49) 439–447 = Ders., GesStud z. AT: TB 8 (1958) 214–224. – FHesse, Haggai: Verbannung und Heimkehr, Festschr WRudolph (1961) 109–134. – DNFreedman, Divine Commitment and Human Obligation: Interp. 18 (1964) 419–431. – HGMay, »This People« and »This Nation«: VT 18 (1968) 190–197. – KSeybold, Die Königserwartung bei den Propheten Haggai und Sacharja: Jud. 28 (1972) 69–78. – PDHanson, The Dawn of Apocalyptic (1975) 173–178.240–262. – RPCarroll, When Prophecy Failed (1979) 157–168. – BSChilds, Introduction to the Old Testament as Scripture (1979) 463–471.

10. Einzelprobleme und Erklärung einzelner Stellen: AFernández, El Profeta Ageo 2,15–18 y la fundación del segundo templo: Bib. 2 (1921) 206–215. – FPeter, Zu Haggai 1,9: ThZ 7 (1951) 150–151. – AGelston, The Foundations of the Second Temple: VT 16 (1966) 232–235. – GSauer, Serubbabel in der Sicht Haggais und Sacharjas: BZAW 105 (1967) 199–207. – TNTownsend, Additional Comments on Haggai II 10–19: VT 18 (1968) 559–560. – OHSteck, Zu Haggai 1,2–11: ZAW 83 (1971) 355–379. – DLPetersen, Zerubbabel and Jerusalem Temple Reconstruction: CBQ 36 (1974) 366–372. – ARenker, Die Tora bei Maleachi: FThSt 112 (1979). – DJClark, Problems in Haggai 2,15–19: BiTr 34 (1983) 432–439.

11. Zur Literatur über das Buch Haggai: RAMason, The Prophets of the Restoration: Festschr PRAckroyd (ed. RCoggins, APhillips, MKnibb: Israels Prophetic Tradition, 1962) 137–154. – LTetzner, Die rabbinischen Kommentare zum Buche Haggai (1969). – CWestermann, Rezension WAMBeuken, Haggai – Sacharja 1–8 (1967): ThLZ 94 (1969) 424–426.

12. Praktisch-Theologisches: AJepsen, Das Zwölfprophetenbuch: Bibelhilfe für die Gemeinde (1937). – HWWolff, Haggai: BSt 1 (1951). – GKrause, Aller Heiden Trost, Haggai 2,7. Die Beweggründe für eine falsche Übersetzung und Auslegung des Textes durch Luther: Solange es Heute heißt, Festschr RHerrmann (1957) 170–178. – HBrandenburg, Die kleinen Propheten I–II (1963). – JBright, Aggée. Un exercice en herméneutique: ETR 44 (1969) 3–25. – RNorth, Exégèse pratique des Petits Prophètes postexiliens (1969).

11

Erster Auftritt:

Zeit zum Tempelbau?!

(1,1–14)

Literatur   FPeter, Zu Haggai 1,9: ThZ 7 (1951) 150–151. – RAParker-WHDubberstein, Babylonian Chronology 626 B.C. – A. D. 75 (1956). – HBardtke, Der Erweckungsgedanke in der exilisch-nachexilischen Literatur des Alten Testaments: BZAW 77 (1958) 9–24. – KGalling, Studien zur Geschichte Israels im persischen Zeitalter (1964). – KKoch, Haggais unreines Volk: ZAW 79 (1967) 52–66. – GSauer, Serubbabel in der Sicht Haggais und Sacharjas: BZAW 105 (1967) 199–207. – OHSteck, Zu Haggai 1,2–11: ZAW 83 (1971) 355–379. – DEGowan, The Use of yaʻan in Biblical Hebrew: VT 21 (1971) 168–185. – BOLong, Two Question and Answer Schemata in the Prophets: JBL 90 (1971) 129–139. – RAMason, The Purpose of the ›Editorial Framework‹ of the Book of Haggai: VT 27 (1977) 413–421. – JWWhedbee, A Question-Answer-Scheme in Haggai 1. The Form and Function of Haggai 1,9–11: Biblical and Near Eastern Studies, Festschr WSLaSor, ed. GATuttle (Grand Rapids 1978) 184–194. – ThABusink, Der Tempel von Jerusalem von Salomo bis Herodes II. (1980) Kap. X: Der Tempel Serubbabels 776–841. – SJaphet, Sheshbazzar and Zerubbabel: ZAW 94 (1982) 66–98.

Text   [1]**Im zweiten Jahr des Königs Darius, im sechsten Monat, am ersten Tage des Monats erging das Wort Jahwes durch den Propheten Haggai**[a] **an Serubbabel, den Sohn Schealti-els, den Statthalter**[b] **von Juda, und an Josua, den Sohn Jozadaks, den Hohenpriester, also:** [2]**So hat Jahwe der Heerscharen gesprochen: Dieses Volk hier sagt:** [a]**Jetzt ist noch**[b] **nicht die Zeit gekommen**[a]**, das Haus Jahwes aufzubauen**[c]**.** [3]**Da erging das Wort Jahwes**[a] **durch den Propheten Haggai also**[b]**:**

[4]**Ist denn für euch etwa**[a] **die Zeit da,**
    daß ihr in euren[b] **überdachten**[c] **Häusern wohnt,**
        während dieses Haus ein Schutthaufen[d] **ist?**
[5]**Nun denn, so hat Jahwe der Heerscharen gesprochen:**
    Denkt über euer Ergehen[a] **nach!**
    [6]**Ihr habt viel gesät,**
        aber wenig eingebracht[a]**.**
    Ihr eßt[a]**,**
        aber es ist kein [b]**Sattwerden**[a]**.**
    Ihr trinkt[a]**,**
        aber es ist kein [b]**Durstlöschen**[a]**.**
    Ihr kleidet euch[a]**,**
        aber keinem[c] **wird warm**[a]**.**
    Und wer als Lohnarbeiter geht,
        arbeitet[d] **in einen löchrigen Beutel.**
[7]**So hat Jahwe der Heerscharen gesprochen:**

12

Denkt über euer Ergehen nach!
[8]Steigt ins Bergland,
 holt[a] Holz
  und baut das Haus!
Daran will ich Freude finden
 und mich in meiner Herrlichkeit zeigen[b],
  hat Jahwe gesagt.
[9a]Ihr habt[a] viel erhofft,
 und siehe da[b]: (es gab nur) wenig.
Und brachtet ihr's nach Hause,
 so blies ich drein.
Weswegen? – Spruch Jahwes der Heerscharen –:
Wegen meines Hauses,
 das[c] ein Schutthaufen ist,
während jeder von euch
 für sein eigenes Haus rennt.
[10]Deshalb [über euch][a]
 verweigern die Himmel[b] ›ihren‹[c] Tau,
  verweigert das Erdreich seinen Ertrag.
[11]Ich rief die Dürre[a]
 über das Land und über die Berge,
über Korn und Wein und Öl
 und über das[b], was der Boden hervorbringt,
über Menschen und Vieh
 und über alle Arbeit der Hände.
[12]Da hörte[a] Serubbabel, der Sohn Schalti-els[b], und Josua, der Sohn Jozadaks, der Hohepriester, und der gesamte Überrest des Volkes auf die Stimme Jahwes, ihres Gottes, nämlich[c] auf die Worte des Propheten Haggai,
wie denn ihn Jahwe ›zu ihnen‹[d] gesandt hatte. –
 Und das Volk bekam Furcht vor Jahwe. [13]Da sprach Haggai,
 [a]der Bote Jahwes[a], [b]im Auftrag Jahwes[b] zum Volke also:
 Ich bin bei euch! – Spruch Jahwes. –
[14]Jahwe aber erweckte den Geist Serubbabels, des Sohnes Schalti-els[a], des
Statthalters von Juda, und den Geist Josuas, des Sohnes Jozadaks, des Hohenpriesters, und den Geist des gesamten Überrestes des Volkes. Da kamen sie und nahmen die Arbeit auf am Hause Jahwes der Heerscharen, ihres Gottes.

1a *G* schaltet λέγων Εἶπον ein und gleicht damit an 2,1bβ–2aα und 2,20b–21a 1
([לאמר אמר]־נא) an, um auch hier den Mittler des Gotteswortes (ביד) und seinen
Empfänger (אל) deutlich zu unterscheiden (s.u. S. 20). Die kürzere Textform
von *M* wird ursprünglich sein (gegen JWellhausen; BDuhm; KElliger). – **b** *G*(ἐκ
φυλῆς Ιουδα) setzt hier wie 1,14; 2,2.21 (zu 1,12 s.u. Textanm. 1,12b) פֶּחָה gleich
מִשְׁפָּחָה (»aus dem Stamme Juda«); vgl. Am 3,1f.; Mi 2,3; Nah 3,4 und Sach 12,12–
14; 14,17f. Serubbabels Herkunft aus dem Stamme Juda (vgl. 1Chr 2,3ff.; 3,17ff.)
erscheint *G* damit wichtiger (s.u. S. 22) als dessen Amtsvollmacht im Perserreich. פֶּחָה müßte mit τόπαρχος oder ἔπαρχος übersetzt werden (2Kön 18,24; Jes

36,9; Esr 6,13; vgl. OLeuze, Die Satrapieneinteilung in Syrien und im Zwei-
2 stromlande: SKG.G 11/4, 36¹). – 2a–a *M* (»Es ist noch nicht die Zeit zum Kommen, die Zeit, Jahwes Haus aufzubauen«) wirkt recht »verschroben« (KMarti)
und entspricht kaum der Redeweise des Volkes. ASvanderWoude 24 hält *M* für
ursprünglich und bezieht den inf. בא in 1,2 auf וַיָּבֹאוּ in 1,14bα. Nach AKloster-
mann, Geschichte des Volkes Israel (1896) 235 könnte הָעֵת in 4aα לֹא עֶת־בֹּא voraussetzen. *G* (Οὐχ ἥϰει ὁ ϰαιϱὸς τοῦ οἰϰοδομῆσαι) *SV* (nondum venit tempus
domus Domini aedificandae) kennen nur einfaches עֵת. So ist entweder die zuerst
von FHitzig (³1863) vorgeschlagene Vokalisation עַתָּ בָא mit JWellhausen, KElliger, FHorst, KBL³ u.a. aufzunehmen oder aber – da »jetzt« in Hag nur in der
Form עתה (1,5; 2,3.4.15; vgl. aber Ez 23,43; Ps 74,6) vorkommt und עֵת meist als
fem. erscheint (ASvanderWoude 24) – עֵת־בֹּא עֵת־בֵּית als Dittographie von ur-
sprünglichem עֵת־בֵּית anzunehmen (BrSynt § 29b; OHSteck 361f.²¹). – b Zu לֹא
im prägnanten Sinne (»noch nicht«) vgl. Gen 2,5; 29,7; Ps 139,16; Hi 22,16. – c
Wörtlich: »aufgebaut zu werden«. Passiver inf.ni. nach לֹא עֵת auch Gen 29,7. –
3 3a WRudolph liest (statt דבר־יהוה) דְּבָרִי (»mein Wort«). *M* soll das Suffix als Ab-
kürzung von יהוה mißverstanden haben. Die alte Textüberlieferung stützt diesen
Vorschlag nicht. Er ist aber auch nicht mit dem Hinweis auf die Funktion des
konjizierten V. 3 zu begründen, wonach Jahwe selbst durch Haggai seinen Ge-
sprächspartnern Serubbabel und Josua berichten wollte, was er bisher dem Volk
gesagt habe, um dessen unheilvolle Meinung zu widerlegen. – b Zur Literarkri-
4 tik von V. 1–3 s.u. S. 16. – 4a Das Suffix in לכם wird durch das separate Personal-
pronomen verstärkt betont; vgl. Ges-K § 135d.g und Joüon, Gr § 146d. – b In
zahlreichen *G*ᴹˢˢ (s. JZiegler 285) und *STV* fehlt ὑμῶν. Doch wird in *M* das Suffix
in בבתיכם als weitere polemische Hervorhebung ursprünglich sein; s. Textanm.
a und SAmsler 21⁴. – c BrSynt § 81f.: »in euren Häusern als gedeckten«; vgl.
Joüon, Gr § 127a zum attributiven Akkusativ des Zustands (ספונים ohne Arti-
5 kel!). – d Vgl. KGalling 128f. – 5a Hieronymus (quae feceritis et passi sitis) deutet
דרכים auf den (bisherigen) Wandel und die daraus resultierende Situation. Der
Kontext hier und in 1,7, vor allem aber in 2,15.18 läßt an den Zusammenhang
6 von Verhalten und Schicksal denken; vgl. ASvanderWoude 27 und u. S. 26. – 6a
Der betonte inf.abs. setzt – zur stilistischen Hervorhebung – das verbum finitum
fort; vgl. BrSynt § 46c; Joüon, Gr § 123x. – b Zur ungewöhnlichen fem. Form des
inf. s. Bauer-Leander § 43d. Neben dem Sattwerden hat שכר nicht eigentlich die
Bedeutung des Trunkenseins (nach übermäßigem Genuß); es geht im Zusammenhang eindeutig um das nicht ausreichende Trinken. – c לוֹ weist als praep.
mit unbestimmtem Pronomen auf »irgendeinen« hin; vgl. Joüon, Gr § 152f. – d
Eine Änderung des pt. in ein impf. mit 2 Mss und TAndré (1895) erscheint unnö-
8 tig. – 8a Der Perfektsatz (והבאתם) gehört zwar syntaktisch in die Kette der Impe-
rative (עלו . . . ובנו), ist aber als Zweckbestimmung dem ersten imp. näher zugeordnet als dem folgenden (ובנו). *G* übersetzt frei ϰόψατε, muß aber deshalb nicht
וּבֵרֵאתֶם (III ברא pi. »roden«, vgl. Jos 17,18) gelesen haben (so nach KBudde 1906
jetzt ASvanderWoude 1982). *V* (portate) stützt *M*. – b Q liest den Kohortativ
(ואכבדה). Zum Kohortativ im Nachsatz zum Imperativ vgl. BrSynt § 135c. Der
K-Text mit impf. Bedeutung dürfte der ältere sein. Zur permissiven Bedeutung
des ni.cohort. s. PRAckroyd, Exile 160³². S.u. S. 29. Eine Ergänzung durch בּוֹ (so
9 WRudolph mit *S*) erübrigt sich. – 9a–a Das Tempus des inf.abs. wird ebenso wie
sein logisches Subjekt vom nachfolgenden Kontext bestimmt; vgl. Joüon, Gr §§
123u–w; 155i. – b *G* (ϰαὶ ἐγένετο) *STV* (factum est) muß nicht וְהָיָה voraussetzen,
sondern kann auch auf *M* zurückgehen, zumal *V* mit ecce *M* (והנה) stützt. – c הוא
setzt den Relativsatz in betonte Beziehung zu seinem Leitwort ביתי (BrSynt

§ 152a) und in Opposition zum folgenden אתם, entsprechend der Kontrastparallele ביתי – ביתו. – **10a** עליכם hat in *G* keine Entsprechung und wird auch deshalb 10 seit JWellhausen oft als Dittographie von על־כן angesehen und getilgt. Den kürzeren Text belegt auch *S,* insofern על־כן fehlt. Das Nebeneinander von על־כן und עליכם ergibt eine unwahrscheinliche Doppelung der Begründung. Man entgeht ihr nicht, indem man die praep. in עליכם lokal faßt (»über euch«); denn die folgenden Drohungen entsprechen dem nicht (10b!). Der Nachtrag von עליכם könnte auf einen gewissen Formzwang der deuteronomistisch-pädagogischen Heilsgeschichtsschreibung zurückgehen; vgl. Dtn 29,26; 1Kön 9,9 und u. S. 30f. – **b** השמים ist nur schwach belegt und auch im Blick auf Sach 8,12; Hag 2,6.21 nicht zwingend zu fordern. Das seltenere Fehlen des Artikels in einer Reihung (vgl. 2,12) spricht für *M.* – **c** Statt *M* (»ohne Tau«) ist wahrscheinlich טַלָם zu lesen (KBL³ 359.453). Für die Umstellung des מ spricht neben Sach 8,12 die grammatische Verbindung mit כלאו und die Parallele zu V. 10b. *T* (מטרא) setzt מָטָר (»Regen«) voraus, was FHorst auch für *M* aufnimmt. *G* (ἀπὸ δρόσου) stützt *M.* Vgl. ferner ASvanderWoude 33f. – **11a** *G* (ῥομφαίαν), vokalisiert irrtümlich חֶרֶב 11 (»Schwert«). – **b** Zahlreiche Mss und *G*^Mss (ἐπὶ πάντα) *V* (quaecumque) *T* (כל) setzen וְעַל־כָּל voraus, zur vorzeitigen Gipfelung der langen Reihe und in Vorwegnahme des ועל כל in bβ. Die älteren *G*^Mss stützen *M.* – **12a** Die Verbform kann im 12 Singular pluralischem Subjekt vorangehen; vgl. Gen 24,61; 31,14; Num 12,1 und Am 8,13f.; Ges-K § 146f.; Joüon, Gr § 150q. – **b** Im Unterschied zu 1,1; 2,23 erscheint hier wie 1,14 und 2,2 eine Kurzform des Namens; Noth, Pers 63⁷ hält diese Form für die richtige und שאלתיאל (1,1; 2,23) für Volksetymologie. – *G* fügt dem Namen hinzu ἐκ φυλῆς Ιουδα (»aus dem Stamme Juda«); dazu s.o. Textanm. 1,1b. – **c** Die mit ו eingeleitete Ergänzung in 12aβ hat erläuternde Funktion; vgl. Ges-K § 154 Anm. 1b und KBL³ 248a Nr. 5. – **d** *G* (πρὸς αὐτούς) *V* (ad ipsos) setzen אֲלֵיהֶם voraus; *M* (אֱלֹהֵיהֶם »ihr Gott«) ist als Lesefehler zu erklären, zumal יהוה אלהיהם in 12aα voraufgeht. – **13a–a** *T* (נביא דיהי) gleicht an 13 1,1.3.12; 2,1.10 an. – **b–b** במלאכות יהוה bleibt in *G* zumeist unübersetzt. Nur wenige Handschriften verstehen das im Alten Testament einmalige Wort (ἐν ἀποστολῇ κυρίου *G*^L u.a.), andere personalisieren es (ἐν ἀγγέλοις κυρίου *G*^B u.a.), so auch *V* (de nuntiis Domini) »aus den Boten Jahwes« (vgl. JZiegler). – **14a** S.o. 14 Textanm. 1,12b.

Das Büchlein Haggai trägt ebensowenig wie das Buch Sacharja eine Form Gesamtüberschrift. Es beginnt alsbald mit der Datierung und den Adressaten einer Gruppe von Jahweworten, die durch den Propheten vermittelt sind. Damit wird chronikartig eine fünfgliedrige Reihe von ganz ähnlich eingeleiteten Berichten eröffnet; zu 1,1 vgl. 1,15b–2,2; 2,10.20f.; zu 1,15a s.u. S. 40f. Entsprechend dem Sprachgebrauch dieser Einleitungen nennen wir sie Wortereignisberichte; vgl. היה דבר־יהוה in 1,1; 2,1.10.20.

Eine auf den Tag genaue Datierung wie hier findet sich innerhalb der Prophetie nur noch bei Sacharja (1,7; 7,1) und (zwölfmal) bei Ezechiel; vgl. WZimmerli, BK XIII 12*ff.40f. Sie ist auch dort fast immer mit der Wortereignisformel verknüpft (היה דבר־יהוה). Dabei geht es Ezechiel – durchweg im autobiographischen Stil – um die Fixierung großer Offenbarungswiderfahrnisse (z.B. 1,1–3; 8,1f.; 33,21; 40,1). Bei Haggai hingegen ist vom Propheten immer in 3.pers. die Rede, und an die Stelle der

15

sonst üblichen Präposition אל zur Einführung des Propheten als Wort-empfänger (bei Haggai nur 2,10.20) tritt bei Haggai hier und wiederholt ביד (1,1.3; 2,1), womit der Prophet als Vermittler bezeichnet wird. Zu אל־חגי in 2,10.20 s.u. S. 68 und 77. Fast nie wird versäumt, wie hier dem Namen Haggais הנביא hinzuzufügen (1,1.3.12a; 2,1.10); diese Apposition fehlt nur in 2,13f.20. Hingegen sind persönliche Angaben wie Vaterna-men, Heimat und Zeitumstände dem Chronisten unwichtig oder unbe-kannt. So zeigt gleich der erste Einführungssatz einen hochoffiziellen Charakter, zumal die Wortempfänger mit ihren Amtsbezeichnungen »Statthalter von Juda« und »Hoherpriester« vorgestellt werden. Wir nen-nen den Verfasser des ersten Verses deshalb und wegen der hervorgeho-benen chronologischen Ordnung seiner weiteren Berichte den Haggai-Chronisten.

Wie lange hören wir ihm über V. 1 hinaus zu? Die Verse 2–3 zeigen ei-nen merkwürdigen Übergangscharakter. Zwar beginnt V. 2a mit der Bo-tenformel. Doch folgt ihr in V. 2b nur ein Zitat der Stimme des Volkes, wo-mit allein das Thema der späteren Prophetenworte angegeben wird (vgl. V. 4). Zunächst aber bringt V. 3 eine erneute Wortereignisformel, wie sie in den späteren Prophetensprüchen bei Haggai selbst nie vorkommt, je-doch regelmäßig in den Einführungen des Haggai-Chronisten (1,1; 2,1.10.20 wie 1,3). Die Haggai-Sprüche selbst werden entweder mit der Gottesspruchformel (נאם יהוה (צבאות) (1,9) oder mit der Botenformel אמר יהוה (כה) (1,5.7.8) ein- und/oder ausgeleitet. In 1,3 weisen neben der Wortereignisformel die praep. (ביד) und die Apposition הנביא auf die Sprache des Chronisten hin.

Was folgt daraus für V. 2? Der eindeutige inhaltliche Zusammenhang von 2b mit 4 zeigt, daß der Chronist 2b dem ihm überlieferten Haggai-Wort entnommen hat, um den in 1 genannten politisch und religiös Ver-antwortlichen den aktuellen Gegenstand seines Berichts alsbald kundzu-tun. Mit diesem Vorgriff auf den ihm überlieferten Anfang der Propheten-worte kann der Chronist auch die Botenformel in 2a aufgenommen ha-ben. So deutet 2a an, daß 2b dem Prophetenwort entnommen ist. Nach dieser chronistischen Komposition von V. 2, die mit dem Material der Prophetenworte arbeitet, wurde V. 3 als endgültiger chronistischer Über-gang zur Gruppe der eigentlichen Prophetensprüche notwendig; vgl. AS-vanderWoude 23f. V. 1–3 geht also in seiner jetzigen Gestalt auf den Hag-gai-Chronisten zurück. Man muß infolgedessen aus V. 2 nicht auf eine frühere Verkündigung Haggais schließen (WRudolph).

In 4–11 folgt eine Kette von Prophetensprüchen. Daß es sich nicht um eine geschlossene Ansprache handelt, zeigen schon die mehrfachen Bo-tenspruch- (5a.7a.8b) und Gottesspruch- (9bα) formeln, weiter der Wech-sel von Diskussionsworten im Fragestil (4.9b) mit wiederholten Mahn-(5b.7b.8a) und Verheißungsworten (8b) sowie Hinweise auf die Notlage mit speziellen Elementen von Nichtigkeitsflüchen (6.9a, s.u. S. 27ff.) und begründetem Schuldaufweis (9b.10), wobei die gegenwärtige Not letztlich als Erfüllung von Gottes Gerichtswort aufgedeckt wird (11). In 8b.9.11 erscheint Jahwes Ich, nie aber das Ich Haggais.

Man muß – aufs ganze gesehen – von einem »zusammengesetzten Charakter« der Rede sprechen (WAMBeuken 185). Der Anredestil wird durchgehalten. Die verschiedenen Gattungselemente lassen sich am besten als Beiträge innerhalb eines Streitgesprächs verstehen; vgl. CWestermann, ThLZ 94 (1969) 426. Die provokante These, es sei nicht die Zeit zum Tempelaufbau, hat der Chronist als Hintergrundinformation für den Statthalter und den Hohenpriester in 2b vorweggenommen. Dementsprechend gehen die verschiedenen Sprüche auf die Frage ein, inwiefern die Zeit zum Wiederaufbau von Jahwes Haus dennoch gekommen sei (4b.8a.9b).

Nach allem ist die in 4–11 vorliegende Komposition in der strukturellen Verschiedenheit der Sprüche und in ihrer thematischen Verbundenheit als eine Auftrittsskizze zu verstehen. Hier bewähren sich Beobachtungen zur Überlieferung der Hosea-Sprüche (vgl. BK XIV/1, XXV.92f.121.139f.), die WAMBeuken 204ff.335 aufgenommen hat; vgl. auch JWWhedbee 185f.; DLPetersen (1984) 38f. Es ist mit einem schreibenden Schüler oder Freund zu rechnen (vgl. Jes 8,16; Jer 36), der die markantesten Prophetenworte eines Auftritts festgehalten hat. Im Unterschied zu Sacharja erscheinen Ich-Berichte bei Haggai nie. In den Spruchreihen von Auftrittsskizzen sind nicht-aufgezeichnete Einwürfe der Hörer anzunehmen, die neue Prophetenworte provozieren. Das erklärt sowohl Neueinsätze (5.7.9) als auch Varianten ähnlicher Sprüche (6.9a) und Wiederholungen (5b.7b). Anders als jener Hoseaschreiber hat Haggais Berichterstatter zum Eingang auch ein Wort der Hörer notiert (2b; s.o. S. 16) und am Ende die Wirkung des prophetischen Wortes auf sie festgehalten (12b–13). Der Verfasser unserer Auftrittsskizze ist in seiner Sprache wie in seinem Interesse sowohl vom mündlichen Prophetenwort als auch vom Haggai-Chronisten deutlich zu unterscheiden.

Während der Chronist das Zitat in 2b dem ursprünglichen Anfang der Auftrittsskizze 4–11 entnommen haben muß, also deutlich am Verhalten des Volkes interessiert ist, findet sich die Wirkungsgeschichte innerhalb der jetzigen Fortsetzung des Kap. in V. 12–14. Dieser Bericht aber ist uneinheitlich. Es läßt sich zeigen, daß der Auftrittsskizze, die dem Chronisten schon vorgelegen haben muß, nur 12b und 13 angehörten. Die Gründe erscheinen zwingend. In 12b wird die Wirkung auf »das Volk« beschrieben. Nicht nur entsprechen הָעָם und לָעָם in 12b und 13a dem הָעָם הַזֶּה in 2b, sondern auch die durchgehende 2.pers.plur. in den Anredesprüchen V. 4–10. Hier ist von Serubbabel (vgl. 2,2.4.21.23) und Josua (2,2.4) sowenig wie in 1,12b–13 die Rede. Dagegen sprechen von beiden

17

12a und 14, und zwar in einem lückenlosen und durch 12b–13 nicht gestörten, aber anscheinend begründeten Zusammenhang. 12a und 14 entsprechen genau dem Stil des Haggai-Chronisten von 1,1. Nur muß jetzt zusätzlich von »dem Volk« als Adressaten neben Serubbabel und Josua die Rede sein, wie es die Auftrittsskizzen-Vorlage 12b–13 fordert. Dieses Volk wird jedoch genauer bestimmt als der »Überrest des Volkes« (dazu s.u. S. 34f.). Haggai wird in 12a wie beim Chronisten in 1 und 3 »der Prophet« genannt, während die Auftrittsskizze ihn in ungewöhnlicher Weise »den Boten Jahwes« nennt (13). Die aus V. 1 bekannten Amtsbezeichnungen Serubbabels und Josuas fehlen auch in (12a und) 14 nicht. In V. 13 schließt die vermutete Auftrittsskizze mit einem Zuspruch an das Volk, der einem späteren Wort in 2,4b entspricht. Der Haggai-Chronist aber führt die Wirkungsgeschichte weiter bis zum Beginn der Tempelbauarbeiten, will also von Anfang an Tempelbau-Chronik schreiben.

Die massoretische Texttradition kennzeichnet das Ende des ersten Wortereignisberichts durch das ס der geschlossenen Parasche hinter V. 14. V. 15a ist schon deshalb nicht ohne weiteres mit V. 14 zu verbinden, weil in der Haggai-Chronik sonst immer die Daten am Anfang der Wortereignisberichte stehen. Der jetzige Zusammenstoß zweier Datierungen in 1,15a und 1,15b–2,1 stellt vor die Frage, ob sich anderwärts im Haggaibuch ein Wortereignis findet, dem die einleitende Datierung fehlt. Es müßte ein Spruch sein, der inhaltlich die Stellung von 1,15a an seinem jetzigen Platz hinter 1,14 verständlich macht. Zur Lösung des Problems s.u. S. 40ff.

Der sekundären Zuordnung von 1,15a zu 1,14, die durch eine Endredaktion erfolgte, gehen nach den bisherigen Beobachtungen drei Formen der Textgestalt voraus: (1.) die im Streitgespräch vorgetragenen Sprüche des Propheten Haggai selbst (4.5f.7f.9–11), (2.) die in der Auftrittsskizze eines Prophetenschülers schriftlich festgehaltenen Prophetenworte (4–11) samt Situationsschilderung (2b) und Wirkungsgeschichte (12b–13) und (3.) die Haggai-Chronik, die die Auftrittsskizze einarbeitet und zu einem ersten großen Wortereignisbericht ausbaut.

Ort   Wann und wo sind die drei Fassungen entstanden? Nichts spricht dagegen, die prophetischen Sprüche selbst entsprechend der chronistischen Einleitung (V. 1) auf den 1. VI. im zweiten Jahr Darius' I., d.h. auf den 29. August 520, anzusetzen (Umrechnung hier und im folgenden nach RA-Parker-WHDubberstein). Es ist Hochsommer. Die Schäden ungewöhnlicher Dürre im vorangehenden Jahr oder gar in mehreren Jahren werden spürbar (6.9–11). Die Auseinandersetzung mag in der unmittelbaren Nähe der Tempelruine stattfinden, so daß ein Fingerzeig klärt, was mit »diesem Haus da« (V. 4b) gemeint ist. Ein Versammlungsplatz für Gebet und Opfer wird nahe bei der Tempelruine provisorisch hergerichtet sein. Jer

41,5; Sach 7,3.5; 8,19; Esr 3,2f. setzen das voraus; vgl. Hag 2,14b und s.u. S. 73, auch Noth, GI 263.

Unbestimmt ist, ob die Niederschrift der Prophetenworte 4–11 schon am Tage ihrer Verkündigung stattfand, wenn anders es zutrifft, daß ein knapper Bericht über deren Wirkung (12b) und ein kurzer prophetischer Zuspruch (13) zu dieser ersten Auftrittsskizze hinzugehörten.

Der mit 1–3 und 12a.14 ausgebaute chronistische Bericht könnte frühestens nach dem Datum des letzten Wortereignisberichts (2,10.20), also nach dem 18. Dezember 520, entstanden sein, wenn es sicher wäre, daß alle chronistischen Berichte zur gleichen Zeit niedergeschrieben worden sind, was die große Einheitlichkeit der Sprache vermuten läßt. Doch sind vom Sprachgebrauch her auch zwei Phasen erwägenswert; s.u. S. 77. Der Auftritt am 21. VII. des zweiten Darius-Jahres (1,15b–2,1; = 17. Oktober 520) ist wie unser erster Auftritt (1,1) in der Folge Jahr – Monat – Tag datiert. Haggai wird wie in 1,1 als Wortvermittler (ביד) eingeführt. (Zu 1,15a s.u. S. 40f.) Dagegen datiert der erste Spruch vom 24. IX. des zweiten Darius-Jahres (2,10; = 18. Dezember 520) in der Folge Tag – Monat – Jahr; der zweite Spruch vom gleichen Tag (2,20) wiederholt nur Tag und Monat. Wenn nun die Einleitungen zu den Berichten vom 1. VI. (= 29. August) und 21. VII. (= 17. Oktober) (1,1 und 1,15b–2,1, mitsamt dem Urtext von 1,15a, der auf den 24. VI. = 21. September hinweist) vor dem 24. IX. (= 18. Dezember) abgefaßt worden wären, dann würden sich auch drei weitere kleine Differenzen im Sprachgebrauch dieser Chronik besser erklären, daß nämlich (1.) Haggai in 2,10 und 20 als Wortempfänger (אל) und nicht mehr wie in 1,1.3; 2,1 als Wortvermittler (ביד) vorgestellt wird, ferner (2.), daß die Apposition הנביא in 2,20 wie sonst nie in der Haggai-Chronik fehlt (vgl. aber u. S. 77), und schließlich (3.), daß in 2,23 einmalig bei Haggai die Spruchverbindungsformel »an jenem Tage« erscheint. Zwingend ist die Unterscheidung zweier Phasen im Entstehen der Bau-Chronik nicht, doch bleibt sie für weitere Beobachtungen erwägenswert. Danach wäre der erste Bericht 1,1–14 zusammen mit dem in 1,15a angedeuteten zweiten (2,15–19) (s.u. S. 42) und dem in 1,15b–2,9 überlieferten dritten Bericht nach dem 21. VII. (= 17. Oktober) und vor dem 24. IX. (= 18. Dezember) entstanden, also vor dem ersten Auftreten Sacharjas im achten Monat (Sach 1,1). Er stellt sich als ein Memorandum der ersten Schritte zum Tempelwiederaufbau dar, wenn nicht doch die Redaktion des Haggai-Chronisten von den Entscheidungen in 2,14 und 23 her als einheitlich anzusehen ist (s.u. S. 43f. und S. 86).

Wie zuvor kein anderes Prophetenbuch, so wird die gesamte Verkündigung Haggais von seinem Chronisten in einen weltweiten Rahmen gestellt; vgl. neben 1,1 auch 1,15b; 2,10. »Den König« schlechthin nennt er Darius I. (altiranisch dârajatwahuš = »Der das Gute aufrechterhält«,

Wort 1

persisch dârejawôš, griechisch Δαρεῖος). Als Sohn des Hystaspes stammt er aus einer jüngeren Linie der Achämeniden. Nach dem Tode des Cyrus-Sohnes Kambyses (529–522), der seinen Bruder Bardija (griechisch Smerdis) schon ca. 526 hatte umbringen lassen, konnte sich Darius gegen Usurpatoren wie Gaumâta am Ende langer Thronwirren durchsetzen; s.u. S. 55f. Er regierte von 522/21 bis 486/85; vgl. RLA II, 121f.; KP 1, 1390f.; RBorger, Die Chronologie des Darius-Denkmals am Behistun-Felsen: NAWG (1982) 103–132. Juda war im zweiten Jahr des Darius fest in des persischen Königs Hand, mochten auch anderwärts im Reich noch Unruhen nachbeben.

Das Datum von Haggais Auftreten am 1. VI. im zweiten Jahr des Darius entspricht in unserer Zeitrechnung dem 29. August 520 v.Chr. (Umrechnung nach RAParker-WHDubberstein 15–17). Der sechste Monat beginnt bei Jahresanfang im Frühjahr auch für Israel spätestens seit der Exilszeit Ende August. Vgl. MWeippert, Art. Kalender und Zeitrechnung: BRL² 167f. Noch ist heißeste Jahreszeit. Vielleicht bietet der erste Tag im Monat besondere Gelegenheit zur Begegnung, wenn er als Neumondtag mit Opferfeiern im Bereich des Heiligtums begangen wird; vgl. Am 8,5; 2Kön 4,23 mit Ez 45,17; 1Chr 23,31; 2Chr 31,3 und insbesondere Esr 3,(1–)6; zur Mond-Monatsrechnung vgl. MWeippert a.a.O. 166f.

Das eigentliche Geschehen, das der Haggai-Chronist zu berichten hat und das alles folgende beherrscht, ist das Ergehen eines Jahwewortes. Dieses Ereignis, daß ein Gottesbote vom Wort ergriffen wird, bestimmt je und je Israels Geschichte. Das ist im 6. Jh. insbesondere durch die Wendung היה דבר־יהוה im deuteronomistischen Geschichtswerk, im Jeremia- und im Ezechielbuch bekundet worden (je 12-, 30- und 50mal; vgl. BK XIV/1,2). Während die Wendung meist den Propheten als Empfänger des Jahwewortes mit der praep. אל einführt, fällt hier mit dieser praep. der Ton auf Serubbabel und Josua als aktuellen Adressaten, während der Prophet als Mittler des Wortes zurücktritt (ביד = verstärktes ב-instrumentalis = »durch«, vgl. Hos 12,11b mit Hos 1,2a und b). ביד kommt als praep. in älteren Texten selten vor (1Sam 28,15.17; Hos 12,11), häufiger erst in typisch deuteronomistischen Stücken der Könige-Bücher (1Kön 12,15; 15,29; 16,12.34; 17,16; 2Kön 9,36; 14,25; 17,13.23; 21,10 u.ö.). Im chronistischen Geschichtswerk ist u.a. die Wendung בְּיַד מֹשֶׁה (»durch Mose« 2Chr 33,8; 34,14; 35,6 u.ö.) ähnlich geläufig wie in der Priesterschrift (Ex 9,35; 35,29; Lev 8,36 u.ö.); vgl. WAMBeuken 28 und RAMason 415. Eine bestimmte Abhängigkeit des Haggai-Chronisten läßt sich daraus nicht erschließen. Er schreibt auf der Linie von der deuteronomistischen zur chronistischen Tradition.

Der Vermittler des Jahwewortes heißt hier Haggai. Neunmal wird der Name in den beiden Kapiteln dieser Bau-Chronik genannt, zweimal in Esra (5,1; 6,14), wo er, wie in der Ordnung des Zwölfprophetenbuches, vor Sacharja steht, was ersichtlich chronologische Gründe hat (vgl. Hag 1,1 mit Sach 1,1). In der Umwelt des Alten Testaments ist der Name auf hebräischen Siegeln sowie in phönizischen und südarabischen Texten belegt (ASvanderWoude 9), besonders häufig aber in aramäischen Quellen (Cowley, ArPap 286). Beliebt und verbreitet ist dieser Name, weil er darauf anspielt, daß sein Träger an einem Festtag (חַג) geboren wurde, was als gutes Vorzeichen galt. Das Hebräische klingt wie »meine Festtagsfreude!«; vgl. שַׁבְּתַי »der am Sabbat Geborene« (Esr 10,15; Neh 8,7; 11,16) und unser »Sonntagskind« (Noth, Pers 222). Zu akkadischen und ägyptischen Parallelen vgl. JJStamm, Beiträge zur hebräischen und altorientalischen Namenskunde (1980) 118f. G liest den Namen Ἀγγαῖος, V Agg(a)eus.

Haggai wird von seinem Chronisten als »der Prophet« vorgestellt (wie in 1,1 so in 1,3.12; 2,1.10; vgl. auch Esr 5,1; 6,14). So wird seine spezielle Sendung betont. Das besagt nicht, daß er als »Kultprophet« anzusehen sei und daß sich von daher sein Eifer für den Wiederaufbau des Tempels erkläre (so JBlenkinsopp, A History of Prophecy in Israel, 1983, 232; anders RRWilson, Prophecy and Society in Ancient Israel, 1980, 287f.). Schon seine glühende Zukunftserwartung weist darüber hinaus (2,6ff.21ff.). Priesterlichen Fragen tritt er wie ein Fremder gegenüber (2,11–13). Andererseits spricht er den Hohenpriester ebenso überlegen und erfolgreich an wie den politischen Statthalter (2,4; vgl. 1,12 und GSauer 206).

So hat sich Haggai seinem Chronisten und der nachexilischen Gemeinde als ein Prophet mit außerordentlicher Vollmacht eingeprägt, dessen kritische Energie durch seine Zuversicht zum Erfolg führte (1,14; Esr 5,1f.; 6,14). Bezeichnend mag sein, daß der vermutete Verfasser der ersten Auftrittsskizze ihm den ungewöhnlichen Titel eines »Boten Jahwes« beilegte (1,13; s.u. S. 32f.). Wahrscheinlich hat er selbst nicht zur kürzlich heimgekehrten Gola gehört, wird doch sein Name in der Liste Esr 2 nicht erwähnt. Nie erinnert er an das Exil (anders Sach 1,14ff.; 2,10ff.; 6,15). Eher wird man ihn den nicht-deportierten Altjudäern zuzählen, die als עַם הָאָרֶץ (2,4aβ) in den Städten Judas lebten (s.u. S. 23f. und 34f. zu 1,2 und 12a; zur Diskussion vgl. KGalling, Studien 116f.). Merkwürdig ist, daß er neben dem Tempel niemals die Stadt Jerusalem oder Zion erwähnt, daß er sich aber mit agrarischem Milieu vertraut zeigt (1,6.8.9; 2,16; dazu WAMBeuken 216–229.334), in deutlichem Unterschied zu Sacharja (1,14.16; 2,6.8.11.14; 3,2; 8,2–5). Vgl. u. S. 59.

Doch dem Haggai-Chronisten liegt offenbar nichts daran zu klären, ob Haggai den Heimkehrern oder den Altjudäern zugehörte. Wichtig ist ihm, daß Haggai Jahwes Wort vermittelt und daß es Serubbabel und Josua erreicht. Er erwähnt auch nicht, daß beide zu den kürzlich Heimgekehrten gehören, wie wir aus der Namenliste Esr 2,1f. wissen (vgl. auch

Neh 7,5.7!). Das geht bei Serubbabel schon aus der akkadischen Herkunft des Namens hervor: Zēr-Bābili heißt »Sprößling Babels«. Als Sohn Schealti-els werden wir in ihm einen im Exil geborenen Enkel des davidischen Königs Jojachin zu sehen haben. Sein Großvater wurde als Achtzehnjähriger aus Jerusalem nach Babel deportiert (2Kön 24,8.15). Nach dem massoretischen Text von 1Chr 3,17–19 gehörte Serubbabel allerdings zu den Söhnen Pedajas, eines Bruders Schealti-els. Der G-Text von 1Chr 3,19 bietet statt Pedaja wie Hag 1,1 und Esr 3,2; 5,2 Schealti-el. WRudolph schlug zur Lösung des Problems die Annahme einer Leviratsehe (Dtn 25,5ff.) vor (Esra und Nehemia: HAT I/20, 1949, 18f.; kritisch dazu SJaphet, 1982, 71f.).

Sowenig der Haggai-Chronist die exilische Herkunft Serubbabels erwähnt, so wichtig ist ihm seine gegenwärtige Funktion eines יהודה פחת; vgl. auch 1,14; 2,2.21.

Exkurs   Das persische Verwaltungssystem. Wäre die Amtsbezeichnung פֶּחָה unscharf gebraucht, so könnte sie einen »Repatriierungskommissar« bezeichnen (Alt, KlSchr II, 333–337; KBL³ 872b), dem Sondervollmachten für Juda verliehen sind, der aber verfassungsrechtlich dem Provinzstatthalter in Samaria unterstellt wäre; vgl. KGalling, Studien 135; SHerrmann, TRE 12, 725,25ff. Wahrscheinlicher ist aufgrund neueren epigraphischen Materials (NAvigad, Qedem 4, 1976, 32–36) Juda schon zur Zeit Haggais und nicht erst Nehemias (Neh 5,14 cj.) als eigene Provinz neben Samaria anzusehen und demgemäß פחה als exakte Bezeichnung des Statthalters zu verstehen (SJaphet 80ff.), zumal die Verbindung פחת יהודה bei Haggai feststeht, wie die Wiederholung zeigt (1,1.14; 2,2.21; vgl. schon FMHeidelheim: HO I/2.4.2, 102).

Die Amtsbezeichnung פחה wurde für die leitenden Beamten größerer und kleinerer Verwaltungsbezirke gebraucht. Juda gehörte zu den kleineren Provinzen und war den Provinzen Samaria, Galiläa, Idumäa u.a. nebengeordnet. Serubbabel war als פחת יהודה der leitende Administrativbeamte für Juda, wie vor ihm schon Scheschbazzar von Cyrus zum פחה ernannt worden war (nach Esr 5,14). Die kleineren palästinischen und syrischen Provinzen unterstanden der Satrapie (aram.) Abarnahara = (babylonisch) Ebirnari als Transeuphratgebiet (Esr 5,3). Dessen Verwaltungszentrum war Damaskus und dessen פחה Tattenai wird in Esr 5,3.6; 6,6.13 als auch Juda vorgeordnet erwähnt. Er unterstand seinerseits zusammen mit dem Verwalter des Gebiets zwischen Euphrat und Tigris der Statthalterschaft von Babylon und Abarnahara mit Sitz in Babylon. Erst bei diesen höheren Beamten sollte man von Satrapen sprechen, also wohl beim פחה Tattenai von Abarnahara, aber nicht beim פחה von Juda oder Samaria. Vgl. OLeuze, Die Satrapieneinteilung in Syrien und im Zweistromland von 520–320: SKG.G 11/4 (1935) 36–42.

Der Haggai-Chronist führt also den Davididen Serubbabel in der amtlichen Funktion des persischen »Statthalters von Juda« ein, der in der Liste der Heimkehrer in Esr 2,1f. (= Neh 7,7) an der Spitze einer führenden Zwölfergruppe (von Ältesten) und einer großen Zahl von Rückwanderern stand, die nach Esr 2,64 über 40000 Personen umfaßt hat.

Neben Serubbabel steht in Esr 2,2 wie hier bei Haggai der Hohepriester Josua. יְהוֹשֻׁעַ ist in der Geschichte Israels der erste mit Jahwe gebildete Name, »Jahwe ist Hilfe«. In Esr 2,2 und weiter in 3,2.8; 5,2; Neh 7,7 nimmt er die Nebenform יֵשׁוּעַ an (Noth, Pers: vokalische Dissimilation); der Kontext sichert, daß auch dort der Hohepriester des Haggaibuches gemeint ist: vgl. nur Esr 2,2; 3,8; 5,2. Daß auch Josua aus der Gola kommt, wird eindeutig bestätigt durch die Nennung seines Vaters Jozadak, der nach 1Chr 5,41 durch Nebukadnezzar deportiert wurde. Nach 2Kön 25,18 ist sein Großvater Seraja (1Chr 5,40) im Jahre 587 als »Hauptpriester« gefangengenommen und in Ribla hingerichtet worden (2Kön 25,18.21). So gehört Josua ben Jozadak in die Erbfolge der levitischen Priester und der Zadokiden (1Chr 5,27–41). Nachdem sein Großvater הַכֹּהֵן הָרֹאשׁ genannt wurde, trägt Josua nach unserer Kenntnis als erster der obersten Priester den Titel הַכֹּהֵן הַגָּדוֹל, der wohl erst nachträglich in nachexilischer Zeit Jojada und Hilkija in 2Kön 12,11; 22,4.8; 23,4 beigelegt wurde.

Während der Statthalter Judas über die Arbeitskräfte zum Wiederaufbau des Tempels verfügt, bedarf der Hohepriester des Tempels insbesondere für seine speziellen Dienste. Er muß den Opferdienst am Räucheraltar wahrnehmen und darf allein das Allerheiligste zur Versöhnung der Gesamtgemeinde betreten (Lev 16).

Es fällt auf, daß in V. 1 neben dem Statthalter und dem Hohenpriester als Empfängern des Prophetenwortes das Volk nicht genannt wird, obwohl die Sprüche in 4–11 als an das Volk gerichtet erscheinen (V. 2), wie denn auch in 12a und 12b–13 das Volk ausdrücklich als Hörer neben Serubbabel und Josua genannt wird. So genügt die Auskunft nicht, daß im Alten Orient generell der Tempelbau Staatsangelegenheit sei und daß im chronistischen Geschichtswerk speziell Prophetenworte an Könige gerichtet werden (2Chr 12,5; 15,1f.), in deren Nachfolge hier Serubbabel stehe. Vielmehr zeigt die Fortsetzung der Einführung in V. 2, daß der Prophet das Volk nicht zuerst als Hörer, sondern als Angeklagten vor den Statthalter und den Hohenpriester hinstellt. 2

Der Haggai-Chronist tut das, indem er aus der prophetischen Auftrittsskizze (s.o. S. 16f.) die klassische Botenformel (»So hat Jahwe der Heerscharen gesprochen«; vgl. 5.7) zitiert und damit an den Botenbericht des Propheten erinnert. Daß אמר hier wie meist im Gebrauch der Botenformel präterital und nicht präsentisch zu übersetzen ist (BK XIV/2, 165f.), unterstützt KElliger, BK XI/1, 464f. gegen AJBjørndalen, Zu den Zeitstufen der Zitatformel ... כֹּה אָמַר im Botenverkehr: ZAW 86 (1974) 393–403.

Der Chronist führt zur Anklage aus dem Streitgespräch zunächst nur den Widerspruch »dieses Volkes da« an. Damit ist klar, warum in V. 1 das Volk nicht als Adressat genannt wird. Die verantwortlichen Leiter der Gemeinde sollen zwischen dem Volk und dem Propheten entscheiden und Schritte in Haggais Sinn einleiten. העם הזה drückt hier Mißfallen und Abweisung aus, weist hin auf Schuld und Gericht (vgl. 2,14; Sach 8,11; Jes 6,9f.; 8,6.12; Jer 4,11 u.ö.; vgl. auch im Neuen Testament ἡ γενεὰ αὕτη Mt 23,36; Mk 8,38; Lk 11,30.50f.; 17,25). Wer ist mit »diesem Volke da« gemeint? Alteingesessene Judäer, die nicht deportiert waren? Oder Heimkehrer aus der Gola, die erst kürzlich mit Serubbabel und Josua zurückkehrten? Der Statthalter und der Hohepriester sind für beide Volksgruppen zuständig. Daß der Haggai-Chronist vornehmlich an die Heimkehrer denkt, gibt er erst in 12a und 14 zu erkennen (s.u. S. 34f.). Daß Haggai selbst die Altjudäer, zu denen er vermutlich selbst gehörte, ausschließen wollte, ist nicht zu erkennen.

Angeklagt wird »dieses Volk da«, weil es die Zeit zum Tempelwiederaufbau noch nicht gekommen sieht. Mit dem »Haus Jahwes« wird das Thema Haggais genannt. Seit achtzehn Jahren ist es eine offene Frage. Der Tempelaufbau war das Objekt des Cyrus-Edikts von 538 (Esr 6,3–5; vgl. Esr 1,2–4); ein erster Versuch des Wiederaufbaus unter Scheschbazzar im Jahre 537 (vgl. Esr 1,7–11 und 5,14–16), der später Serubbabel zugeschrieben wurde, geriet alsbald ins Stocken (Esr 4,24; vgl. WRudolph 33). Nun hat offenbar Haggai im Namen seines Gottes erneut aufgerufen, mit dem Aufbau zu beginnen. Das setzt der in Hag 1,2b zitierte Widerspruch voraus.

Warum hält das Volk die Zeit dazu nicht für gekommen? Hemmen es theologische Gründe? Das folgende Streitgespräch muß es zeigen. Hält man die Fluchzeit mit ihrem Höhepunkt der Zerstörung des Tempels 587 noch nicht für abgelaufen? (Vgl. Sach 1,12.) Muß mit dem Tempelbau bis zum offenbaren Anbruch der Heilszeit und bis zur Ankunft des Messias gewartet werden? Vgl. JWellhausen 173; EJanssen 78; OHSteck 373ff. Haggai bekämpft solche Ansichten höchstens indirekt. Die Sprüche 4–11 geben deutlicher zu erkennen, daß sich das Volk wegen seiner schlechten wirtschaftlichen Situation zu den Aufbauarbeiten nicht in der Lage sieht.

3   Der Chronist führt mit V. 3 zu den Worten der prophetischen Auftrittsskizze. Die Überleitung in V. 3 entspricht noch ganz dem Stil des Haggai-Chronisten, wie es die Wortereignisformel und die Bezeichnung Haggais als des Wortvermittlers (ביד) wie »des Propheten« erkennen lassen (s.o. S. 16). Die Wortereignisformel in V. 3 (»es erging Jahwes Wort«) will ebensowenig wie die Botenformel in 2a (»So hat Jahwe der Heerscharen gesprochen«) vor 2b wörtlich genommen werden. Denn der folgende V. 4 sagt »Jahwes Haus« und nicht »mein Haus«. Diese Unstimmigkeit wird verständlich, wenn der Chronist mit 3 zu dem ihm vorgegebenen Prophetenwort überleitet. Er unterscheidet Prophetenwort und Jahwewort nicht.

4   V. 4 zieht uns sofort in eine höchst lebhafte Auseinandersetzung hin-

ein. Ein erster nicht überlieferter Aufruf Haggais zum Tempelwiederaufbau und dessen Zurückweisung durch das Volk (2b) sind vorausgesetzt. Wörtlich nimmt der Prophet die Behauptung auf, die Zeit für Jahwes Haus sei nicht da. Wie es für die klassische Prophetie typisch ist, so geht hier auch Haggai im Widerspruch auf die Worte seiner Hörer ein. Mit dreimalig betonter Anrede (לכם אתם ... בבתיכם; vgl. Textanm. 4a) und im herausfordernden zynischen Fragestil deckt er deren Egoismus auf. Dabei geht er stracks auf sein eigentliches Thema zu, indem er »dieses Haus« Jahwes den Häusern der Hörer entgegenstellt. Wozu ist Zeit? Die Gehorsamsfrage stellt sich als Frage nach der Priorität des Zeiteinsatzes; vgl. EJenni, Art. עת – Zeit: THAT II, 370–385. Haggai fragt Leute, die sich für ihr eigenes »Wohnen« einsetzen. Ist mit שֶׁבֶת ein schon erreichter Dauerzustand gemeint? Dann könnte man aus der Formulierung schließen, daß es sich (ausschließlich) um Altjudäer handelt, die schon fertige Häuser besitzen (OHSteck). Oder kann mit der Infinitiv-Konstruktion לשבת das erstrebte Ziel bezeichnet sein, so daß man ebenso an die Heimkehrer denken könnte, die erst dabei sind, ihre Wohnung herzurichten (vgl. 9bγ)? Die Doppelfrage hängt zusammen mit dem Problem der Deutung der »Häuser« als ספונים. ספן erscheint als Fachausdruck der Architektur sonst im Alten Testament nur in Bauberichten vom Tempel (1Kön 6,9) oder von königlichen Palästen (1Kön 7,3.7; Jer 22,14); dabei ist stets die Verwendung von kostbarem Zedernholz erwähnt. Doch muß dann nicht für ספן die Bedeutung »täfeln«, »paneelieren« angenommen werden? Zedernholz ist aber auch zum Bedachen größerer Räume erforderlich, weil es ausreichend lange Balken liefert. So ist in 1Kön 6,9; 7,3 bei ספן an das Decken der Tempel- und Palastdächer gedacht (MNoth, BK IX/1 z.St. und 137). Beim Herrichten der Flachdächer der gewöhnlichen Häuser konnte auch die einheimische wesentlich kleinere Sykomore verwendet werden (KGalling/HRösel, Art. Dach: BRL^2 54). So wird bei Haggai im Blick auf die Häuser des Volkes bei ספן pt.pass. an die einfache Bedachung zu denken sein, die das Haus allererst bewohnbar machte. Das Notwendige, nicht das Luxuriöse nennt Haggai. Überdachte Häuser »zum Wohnen« (לשבת) benötigten sowohl die Altjudäer wie die Heimkehrer aus der Gola. (Wollte man – entgegen der angenommenen Bedeutung – dennoch bei ספן an Täfelung der Wände denken, so müßte man die Frage ironisch verstehen, wie SAmsler es tut. Haggai spräche dann die Hörer an als solche, die ihr eigenes Haus so fürstlich ausstatten, wie es nur noch dem Tempel und königlichen Palästen zukommt.)

Den bewohnbaren Häusern des Volkes stellt Haggai »dieses Haus da« gegenüber. Er zeigt auf den Schutthaufen. חרב nennt er ihn und meint damit »das Endstadium einer Verwüstung« (KGalling, Studien 128; KBL^3 335: »wüst«, »verödet«). Man stelle sich die Ausmaße der Trümmer vor! Der Kernbau des 587 niedergebrannten Tempels (2Kön 25,8ff.) war 30 m lang, 10 m breit und 15 m hoch, die Vorhalle 5 mal 10 m (mal 15 m?), das Allerheiligste 10 m mal 10 m mal 10 m; vgl. 1Kön 6,2ff. und MNoth, BK IX/1, 110f.; AKuschke, Art. Tempel: BRL² 338–341. Dementsprechend groß war das Ruinenfeld. Alle Holzteile waren niedergebrannt. Dazu gehörten außer dem hölzernen Kubus des Allerheiligsten (1Kön 6,16.20a) die Wandverkleidungen (Esr 5,8f.), das Flachdach aus Zedernbalken, eine (über drei Schichten von Quadersteinen gelagerte) Schicht von Holzbalken (1Kön 6,36; vgl. Esr 5,8; 6,4; 1Kön 7,12); dazu ThABusink 807–809: »Steinbau mit Holzrosten« (zum Schutz gegen Erdbeben). Darauf ruhten dann die gut 2 m dicken Mauern aus luftgetrockneten Lehmziegeln (KGalling, Studien 129; MNoth, BK IX, 128). Mit den Brandschichten stürzten diese Mauern ein; auch Steinquader zerbarsten. Fast siebzig Jahre mit Winterregen vollendeten das Zerstörungswerk. Schon bald nach 587 war die Klage laut geworden: »Wüste liegt der Berg Zion da, Schakale streifen umher« (Klgl 5,18). Diesen Ruinenberg zeigt Haggai denen, die nur Zeit für ihre eigenen Wohnhäuser haben. Ein Haus für Jahwe ist hier kaum noch zu erkennen. Sacharja nennt die Trümmerstätte einen »großen Berg« (4,7). Doch wird er noch als Tempelruine erkennbar gewesen sein, sonst wäre der Vergleich mit dem früheren Tempel in 2,3 sinnlos (ThABusink 776).

5 Auf welche Weise bewegt Haggai das Volk dazu, den Wiederaufbau zu beginnen? Als Bote Jahwes redet er jetzt weiter (5a). Zwischen der Zeit für das eigene Haus und der Zeit für Jahwes Haus entscheidet er, was »jetzt« um Gottes willen zu tun ist. Genau jetzt, in der Stunde des Hörens, soll es beginnen. Mit einer in der Prophetie ungewöhnlichen Aufforderung, die an deuteronomistische und weisheitliche Mahnungen erinnert, setzt er ein: »Stellt euer Herz ein auf eure Wege!« לֵבָב ist hier das Organ geistiger Erkenntnisfähigkeit; vgl. Dtn 29,3 und HWWolff, Anthropologie 77ff.; FStolz, THAT I, 862f. Im »Herzen« geschieht kritisches Beurteilen und rechtskundiges Unterscheiden (1Kön 3,9), genauer noch im Blick auf Haggai: Unterscheidung der Zeiten (Jes 41,22; vgl. auch Hag 2,15.18), geht es doch hier um die Einsicht in das, was »jetzt« fällig ist. Worauf soll sich »das Herz«, d.h. also das Nachdenken und Durchdenken, die volle Aufmerksamkeit, einstellen (שׂים)? »Auf eure Wege!« »Die Wege« sind hier nicht die Gebote Jahwes (Dtn 31,29; Hos 14,10; Ps 18,22 und BK XIV/1, 310f.) oder die Weisheit (Spr 4,11), auch nicht die Geschicke als solche (Jes 56,11 und KKoch, Art. דרך: ThWAT II, 307ff.), sondern das Ineinander von Verhalten und Erfolg. Die דרכים von Menschen bringen hier auf einen Begriff den Weg, den einer geht, und das Ziel, das er damit erreicht. Das Wort »Wege« entspricht also im Zusammenhang ziemlich genau unserem »Er-gehen«. Haggais Volk soll sich jetzt auf den Zusammenhang seines bisherigen Tuns mit seiner gegenwärtigen Notlage besinnen.

26

Das wird in 6 konkret erläutert. Mit der Aufnahme traditioneller 6 Fluchreihen fordert er das Nachdenken des Volkes über sein Tun und Ergehen heraus. In fünf Sätzen greift er eine spezielle Gattung von Nichtigkeitsflüchen auf; vgl. DRHillers, Treaty-Curses and the Old Testament: Bib Or 16 (1964) 28f. (»›Futility‹ Curses«) und BK XIV/4, 162.169ff. Diese im Anredestil gehaltenen Flüche nennen in einem ersten Glied lebenswichtige Tätigkeiten, deren erhoffte Wirkungen in einem zweiten Glied meist mit וְלֹא fluchartig negiert werden. Seit dem 8. Jh. v.Chr. ist diese Fluchform außerhalb und innerhalb Israels reich belegt; vgl. auch WAM-Beuken 190ff. Einzelne prophetische Drohworte nehmen sie in ihrer strengen Form auf, später finden sie sich häufiger in den langen Fluchreihen Lev 26 und Dtn 28. Haggai nennt als lebenswichtige Tätigkeiten, die wirkungslos bleiben, das Säen (wie Mi 6,15aα; Lev 26,16b; Dtn 28,38), das Essen (wie Hos 4,10aα; Mi 6,14aα; Lev 26,26b), das Trinken (wie Am 5,11b; Mi 6,15bβ; Dtn 28,39), das Kleiden (sonst nur in anderer Form wie Dtn 28,48) und das Sich-Verdingen. Die beiden von Haggai zuletzt genannten Tätigkeiten finden sich in den bekannten übrigen Fluchreihen nicht. Haggais Selbständigkeit zeigt sich auch darin, daß er statt des üblichen וְלֹא das zweite Satzglied dreimal mit וְאֵין (verstärkend) eröffnet. Der entscheidende Unterschied zu den sonstigen Fluchreihen aber ist darin zu sehen, daß die Frustrationserlebnisse bei Haggai nicht als künftig (für den Fall des Vertragsbruchs oder des Ungehorsams gegen Jahwe) angedroht, sondern als bereits eingetroffen dem Nachdenken anbefohlen werden. So sind das konstatierende Perfekt זרעתם und die folgenden betonten absoluten Infinitive (sowie das pt. in b) im Unterschied zu den Imperfektformen der genannten Vergleichstexte zu verstehen. Haggais Wort ist deshalb als Flucherfüllungsspruch zu bezeichnen (ebenso Hos 4,10a). Dem später verkündeten Eintritt des Segens (2,19b) geht hier also die Besinnung auf gegenwärtige Flucherfahrungen voraus.

Nicht zufällig wird Haggai mit der Saat begonnen haben, die nur wenig eingebracht hat (vgl. 1,9; 2,16). Eine große Dürre (1,10f.) mit darauf folgenden Zeiten des Hungers und Durstes, auch des Mangels an Kleidung wird die entscheidende gemeinsame Erfahrung sein. Besonders alle Lohnarbeiter werden unter der eingetretenen Teuerung gelitten haben. Sie müssen vom Taglohn leben; der »Beutel«, den sie als »Geldbeutel« (Gen 42,35; Spr 7,20; vgl. HWeippert, BRL² 89) am Gürtel tragen, ist wie »durchlöchert« (נקב pt.pass. ḳ.); das ersparte Geld schwindet, weil die Kaufkraft bei hochschnellenden Preisen sinkt (vgl. auch Mal 3,5). Die Lohnarbeit zeigt sich als ebenso nichtig wie die Aussaat, wie Essen, Trinken und Kleidung. Sieht man die in den fünf Sätzen gezeichnete Notlage insgesamt, so ist es unwahrscheinlich, daß Haggai nur »auf das Frühjahr und den Sommer 520« zielt und »speziell die Dürre des Jahres 520« meint (so KGalling, Studien 57), liegt doch die Regenzeit in den Monaten No-

27

vember bis April, während vom Mai bis Oktober allemal kaum Regen fällt; vgl. Dalman, AuS I/1, 36ff. Ende August 520 wird der Prophet wahrscheinlich mehr als ein einziges Notjahr ins Auge fassen, zumal er nicht nur an Nahrung, sondern auch an Kleidung und allgemeine Teuerung denkt, auf die die Dürre langfristig wirkt, vor allem dann, wenn der Regen länger als ein Jahr ausfällt. In jedem Falle stößt der Prophet die Besinnung über Einsatz und (mangelhaften) Ertrag, über Leistung und Mißerfolg an. Indem er traditionelle Nichtigkeitsflüche umgestaltet in Flucherfüllungsworte, also in Situationsanalyse, deckt er das verkehrte Tun des Volkes auf, das sich (umsonst!) nur um das Eigenleben statt um Jahwes Haus kümmert.

7   Der Anstoß mag eine lebhafte Diskussion ausgelöst haben. Ausdrücklich als Jahwes Wort (7a) wiederholt der Prophet (oder der Verfasser der Auftrittsskizze) im neuen Redeeinsatz die Mahnung zum Nachdenken
8 über das gegenwärtige Ergehen (7b, vgl. 5). Nun aber ruft er zu neuen Taten (8a), die Verheißung haben (8b).

Nur die ersten notwendigen Schritte nennt er. Mit dem Gebirge, in das zu ziehen ist, wird das umliegende judäische Bergland gemeint sein. In Haggais Zeiten gab es dort noch dichte Wälder bis hin zu den Königsforsten (Neh 2,8; 8,15f.; vgl. Dalman, AuS I/1, 76f.). An Zedern vom Libanon ist hier nicht gedacht (vgl. aber Esr 3,7!), vielmehr an das leicht erreichbare Holz: Kiefern, Palmen, vielleicht auch Eichen, Pappeln, Zypressen, Sykomoren und Olivenbäume (vgl. KGalling, Art. Wald und Forstwirtschaft: BRL[2] 356–358). Allerlei Holz kann für jene Balkenschicht verwendet werden, die über den drei fundamentierenden Quadersteinschichten und unter den Lehmziegelmauern (Esr 6,4; s.o. S. 26) als stabilisierende Bauelemente dienten. Ausgewählt werden muß das Holz für Werkzeuge und vor allem für den Gerüstbau. Zuletzt werden kostbare lange Balken für das Dach und Bretter zur Innenverkleidung der Mauern benötigt. Da also vielerlei Hölzer beschafft werden müssen, kann jeder irgendwo anfassen. Von Steinen ist nicht die Rede. Wenigstens für den Beginn liegen genug in der Ruine und ihrer Nachbarschaft; vgl. ThA-Busink 808. Während im einzelnen Fachleute aller Art benötigt werden, umfaßt Haggais Aufruf »Baut das Haus!« das ganze Volk. Eben darum steht der Aufruf zum Einbringen von Holz an der Spitze.

Schon die kleinsten Anfänge werden von einer doppelten Verheißung getragen (8b). Zuerst wird Jahwes Anerkennung von ihm selbst zugesagt: ‏ואֶרְצֶה־בּוֹ. רצה‎ führt das sachliche Objekt oft mit ‏ב‎ ein (Ez 20,41; Mi 6,7; 1Chr 28,4); das Verhältnis ist damit intensiviert. Das Suffix in ‏בוֹ‎ ist auf den ‏בית‎ in 8a bezogen. Das zu bauende Haus steht von vornherein unter dem Versprechen, Jahwe werde es »annehmen« (so die Grundbedeutung von ‏רצה‎ nach GGerleman, Art. ‏רצה‎ – Gefallen haben: THAT II, 810–813). Es ist vor allem ein kultrechtlicher Terminus, vom Priester im Opferdienst zur Anerkennung der Legitimität des Dargebrachten verwendet (Lev 7,18; 19,7; 22,23; Hos 8,13; Am 5,22; Mi 6,7; vgl. BK XIV/1, 186; XIV/2, 307; XIV/4, 151 f.). Wie sonst der Priester, so nimmt hier der Prophet das Ich Jahwes auf. Anders als in der priesterlichen »Anerkennung« des sichtbar dargebrachten Opfers spricht der Prophet die zukünftige freudige Annahme des noch nicht begonnenen Tempelbaus aus, als wäre er schon tadellos vollendet. Schon die allerersten Anfänge stellt er ins Licht der Verheißung.

Die zweite Zusage geht noch weiter. Die kürzere impf. Form וְאֶכָּבֵד (K) ist dem kohortativisch zu verstehenden וְאֶכָּבְדָה (Q) vorzuziehen. S.o. Textanm. 8b. כבד ni. ist häufig passiv (geehrt werden) oder reflexiv-permissiv (sich geehrt sehen) zu verstehen. Aber hier paßt besser zum Verheißungscharakter der Aussage die Übersetzung: »Ich werde mich in meiner Herrlichkeit zeigen« (KBL³ 434). Diese Bedeutung findet sich im Gefolge der Priesterschrift (Ex 14,4.17f.; Lev 10,3) wiederholt im weiteren Umkreis von Haggai: in Ez 28,22; 39,13 gegenüber Feinden, in Jes 26,15 (s. HWildberger, BK X/2, Textanm. 26,15a) und Jes 66,5 G (BHS) gegenüber Israel. Hier bei Haggai sagt das Wort denen, die sich zum Tempelbau anschicken, neben der Anerkennung als Jahwes Haus den Erweis der Anwesenheit, der Mächtigkeit und Barmherzigkeit Gottes zu. Inhaltlich ist es im Geist Haggais und im Licht der späteren Verheißungen des Heils (2,9b), des Segens (2,19) und des Friedens (2,22) zu verstehen (vgl. CWestermann, Art. כבד – schwer sein: THAT I, 801; PStenmans, Art. כָּבֵד: ThWAT IV, 21). Die die Vergeblichkeit ihrer Selbstsucht erfahren haben (6), werden im Arbeitseinsatz für Jahwes Haus das »Gewicht« (כבד = »schwer sein«) seiner Gegenwart erfahren. Haggai dringt nicht dazu auf den Wiederaufbau des Tempels, daß der priesterliche Kult funktionieren kann, sondern »damit Jahwe einziehen und zum Heil des Volkes erscheinen kann« (KMBeyse, Serubbabel und die Königserwartungen der Propheten Haggai und Sacharja: AzTh I/48, 1972, 65). Die mit der Mahnung verknüpfte Verheißung wird zum Abschluß noch einmal (vgl. 7a) ausdrücklich als Jahwes eigenes Angebot gekennzeichnet (»hat Jahwe gesprochen«).

Im folgenden findet sich zwar weiterhin (wie in 8b) die Ich-Rede Jahwes (9aβ.b.11a), aber die Thematik greift noch einmal zurück zur Situationsanalyse. Das kann durch Zwischenrufe der Hörer verursacht sein, wenn wir mit Recht eine Auftrittsskizze vermuten (s.o. S. 17). Gleich der erste Satz nimmt Stichworte aus 6 auf und wandelt ebenso den Stil der Nichtigkeitsflüche ab (statt imperfektische Ankündigung perfektisches Konstatieren der Erfüllung, s.o. S. 27f.). פנה אל aber bezeichnet nicht wie die Vordersätze in 6, die auch dreimal absolute Infinitive zeigen, mancherlei Tätigkeiten (so KElliger und KBL³ 885: »vieles unternehmen«), sondern bedeutet – von der Grundbedeutung »sich zuwenden« her –

9

wahrscheinlicher »vieles erwarten« (KBL[1] 765). So wird man in 9a an eine Zusammenfassung der enttäuschten Aktivitäten von 6 zu denken haben. »Das Wenige«, das bleibt, brachte man »nach Hause«. Dort wurde es unter dem »Blasen« Jahwes ganz zunichte. הבית ist trotz des Anklangs an 8a nicht auf den Tempel zu beziehen (so FPeter); er existiert ja noch gar nicht. נפח ב bedeutet hier nicht das belebende Anhauchen wie in Gen 2,7; Ez 37,9, auch nicht das Verderben durch Zauber (JWellhausen) oder gar ein vulgär-höhnisches »Ich pfiff darauf« (FPeter), sondern eher das einfache Wegblasen (vgl. Ps 1,4b; 35,5; Hi 21,18; Jes 17,13) oder das vernichtende Entfachen der Zornesglut Jahwes (Jes 54,16; Ez 22,20f.). In jedem Falle soll in 9a mit inf.abs. und perf. Formen die Erfüllung der Nichtigkeitsflüche zusammengefaßt werden, um so die gegenwärtige trostlose Lage in einen neuen Argumentationszusammenhang hineinzustellen.

»Warum dies?« – fragt Jahwe. Und er selbst antwortet: »Weil mein Haus ein Trümmerfeld ist, während jeder von euch für sein eigenes Haus rennt«. Was in 4–6 diskutierend lose in Fragen, Mahnungen und Flucherfüllungsworten aufgereiht war, ist jetzt in einen strengen Begründungszusammenhang gerückt, und zwar im Rahmen eines Frage-Antwort-Gefüges. Die dreigliedrige Form, in der zuerst (1.) Not geschildert, dann (2.) nach der Ursache der Not gefragt und schließlich (3.) die Antwort erteilt wird, findet sich öfter im Rahmen der »pädagogischen Geschichtsdeutung« des deuteronomistischen Geschichtswerks sowie in entsprechenden Jeremia-Überlieferungen (vgl. JWWhedbee und BOLong, ferner LPerlitt, Bundestheologie im Alten Testament: WMANT 36, 1969, 24 u.ö.). Als (1.) Not kann die Heimsuchung von Israels Land und der Stadt Jerusalem geschildert sein; die Völker (2.) fragen nach der Ursache, und (3.) die Antwort lautet: Sie fielen aus dem Bund Jahwes zu anderen Göttern ab (z.B. Dtn 29,21–27; Jer 22,8f.). Die Tempelzerstörung als Not findet sich in dieser Form nur in 1Kön 9,7–9 (2Chr 7,21–23). Das Ich Jahwes erscheint dabei gelegentlich (Jer 5,18f.; 16,10–13). In Hag 1,9 spricht Jahwe Frage und Antwort. In dieser Not-Frage-Antwort-Form wird die in V. 9a zusammengefaßte Not nach Jahwes eigener Warum-Frage schlüssig auf das Versäumnis des Tempelaufbaus zurückgeführt (9b). Wieder zeigt sich Haggai als ein Prophet, der seltenere Redeformen selbständig übernimmt und umgestaltet. In keinem der vergleichbaren Texte wird der Unwille zum Tempelwiederaufbau als Ursache für eine wirtschaftliche Notlage angegeben.

Hier in 9bβ.γ stellt Haggai (ähnlich wie in 4) ביתי als Jahwes Haus ביתו als Wohnung der Leute gegenüber (vgl. Textanm. 9c). »Sein Haus« und »mein Haus« finden ein völlig gegensätzliches Interesse. In der Anrede 9bγ steckt die Anklage: »Jeder von euch rennt für sein eigenes Haus.« Der Vorwurf ähnelt der Frage in 4. Ist dieser Satz eine wesentliche Stütze für

die Vermutung, 9 (–11) richte sich an einen wesentlich anderen Hörer-
kreis als 4 (–8)? Vgl. OHSteck 370. Kann man sagen, daß die, »die nach ihren Häusern rennen«, als Heimkehrer aus der Gola »noch kein Haus haben«, während es Altjudäer sein müßten, die »schon in gedeckten Häusern wohnen«? Setzt nicht 9aβ voraus, daß auch die hier Angeredeten
schon ihre Häuser haben, in die sie ihr »Weniges« bringen (vgl. JWWhedbee und o. S. 30)? Das karikierende »Rennen um das je eigene Haus«
muß nicht nur der Suche nach dem Eigenheim und etwa der »Rückge-
winnung vorexilischen Immobilienbesitzes« (OHSteck 373) gelten, sondern kann auch der äußeren und inneren Gestaltung der Wohnung dienen. So oder so beklagt der Prophet die falsche Leidenschaft, die weder
Zeit noch Kraft noch Lust für Jahwes Haus behält. Diese Schuld (9bβ.γ)
ist die Ursache (יען 9bα.β) der notvollen Enttäuschungen (9a).

Doch die Argumentation geht noch weiter. Ein neues »Darum« (עַל־כֵּן 10
10) beantwortet aufs neue die Frage nach der Folge der Schuld. Jetzt wird
nicht die menschliche Erfahrung der Not (wie in 9a, vgl. 6) genannt, sondern deren entscheidende natürliche Ursache: Die Himmel haben alle
Feuchtigkeit zurückgehalten, so daß die Erde jeglichen Ertrag versagt.
(Auch hier fließt vermutlich Fluchtradition ein; vgl. Lev 26,20; Dtn 11,17.)

Das Hauptstichwort für diesen Sachverhalt folgt erst in 11: »Dürre« 11
(חֹרֶב). Doch wiederholt 11 nicht nur 10 mit neuen Worten, vielmehr führt
ein letzter Schritt die Argumentationskette zum Ziel, indem jetzt Jahwes
Ich zum Subjekt wird. Jahwe hat die Dürre herbeigerufen. So führt Haggai seine Disputanden von ihrer Schuld gegenüber Jahwes Haus (4.9b)
über ihre notvollen Tageserlebnisse und deren natürliche Ursache in der
Dürre (10) zu ihrem Urheber Jahwe (11). Als Herr der Schöpfung und
Richter seines Volkes tritt er vor seine Leute, die sein Haus mißachten.
Das Nachdenken über die Wege des Volkes und sein Ergehen, das Haggai
wiederholt forderte (5b.7b), hat er hier selbst vorgeführt. In 9–11 ist ein
strenger Argumentationsring mit Hilfe der Kausalpartikeln יען – יען מה –
עַל־כֵּן geschlossen. Der letzte Übergang (von 9b–10 zu 11) erfolgt mit
impf.cons. וָאֶקְרָא. Hier ist die Form des klassisch-prophetischen Gerichtswortes, in dem aufgrund von Schuld Unheil in der Ich-Rede Jahwes angesagt wird, aus der Androhung von Zukunft in den Bericht über die Voll-
streckung des Gerichtswortes umgestaltet. Vgl. WAMBeuken 188; OH-
Steck 371: »Das Wort ist mit Gattungselementen des prophetischen Gerichtswortes gestaltet, ist aber demgegenüber darin verändert, daß nicht
angesagtes Gericht begründet wird, sondern eine gegebene Lage als ein-
getretenes Gericht gedeutet und begründet wird.« Vgl. ferner 369[43]. Zum
Gebrauch von לכן – יען im prophetischen Gerichtswort vgl. Am 5,11.16f.
und BK XIV/2, 273f.; HWWolff, Die Begründungen der prophetischen
Heils- und Unheilssprüche: ZAW 52 (1934) 2ff. = Ders., GesStud: TB 22
([2]1973) 10ff. Weil das Volk Jahwes Haus verachtet, darum hat Jahwe die

31

Dürre gerufen. Das vollzogene Gerichtswort stellt die Hörer vor ihren gegenwärtig richtenden Herrn. קרא, von Jahwe ausgesagt, wird in der Gerichtsprophetie nicht ganz selten für das Herbeirufen (in Dienst stellen, aufbieten) von Kräften und Mächten als Gerichtsvollstrecker durch Jahwe verwendet; vgl. Am 7,4 (dazu BK XIV/2, 344f.); Jes 13,3; Jer 25,29; Ez 38,21. Wenn חֹרֶב als Jahwes Werkzeug berufen wird, so ist der Anklang an חָרֵב (4b.9b) sicher nicht zufällig. חֹרֶב entspricht חָרֵב, insofern der Schutthaufen, den das lässige Volk liegen läßt, die Dürre herbeiführt. Die Trockenöde des Trümmerhaufens ist das Urbild und die Ursache eines ausgetrockneten Landes. In großer Breite wird aufgezählt, was alles von der Dürre betroffen ist: das Land im ganzen (הארץ) und insbesondere das Bergland (ההרים), das Jerusalem umgibt mit seinen Ackergründen, Rebhängen und Olivenhainen. Die Dreiergruppe Korn – Wein – Öl findet sich bei Hosea (2,10.24) und im Deuteronomium (7,13; 11,14; 12,17; 14,23; 18,4; 28,51) oft (Jer 31,12) und dann wieder beim Chronisten (2Chr 31,5; 32,28; Neh 5,11; 10,40; 13,5.12). Im Bedürfnis nach Vollständigkeit folgt allgemein »das, was das Ackerland hervorbringt« und schließlich »Mensch und Vieh«. (Zu der Kette »Jahwe – Himmel – Erde – Korn – Wein – Öl – Menschen« vgl. Hos 2,23f. und BK XIV/1, 65f.) Nicht zufällig wird zum Schluß »alle mühevolle Handarbeit« genannt. Dabei mag an die Nichtigkeitsflüche über die menschlichen Tätigkeiten gedacht sein (6.9a). Der Dürre ist auch alles menschliche Tun erlegen.

Keine Drohung beschließt die Auftrittsskizze. Von der Zukunft handeln nur Mahnung und Verheißung in 8. Im übrigen beherrscht das Nachdenken über die Wege zur notvollen Gegenwart hin alle Worte bis zum Ende. Sie lehren vor allem, mit Jahwe als dem Herrn zu rechnen.

Zu 1,12a s.u. S. 33.

12b   Den Prophetenworten in 4–11 folgt ein Bericht über deren Wirkung (12–14). Er ist nicht einheitlich. In 12a.14 erkennt man die Sprache des Haggai-Chronisten. Er rahmt einen kurzen, anscheinend älteren Text (12b–13), in dem wir die Fortsetzung der Auftrittsskizze annehmen (s.o. S. 17f.). Er setzt im Unterschied zu 1,1 nur »das Volk« als Hörerschaft Haggais voraus und entspricht damit 1,2b und dem Inhalt von 4–11 (s.o. S. 23f.). Als Echo auf das prophetische Wort bezeugt der Prophetenschüler nur, daß das Volk »Furcht vor Jahwe bekam«. Die kurze Wendung ירא מפני יהוה faßt hier Anerkennung der angezeigten Schuld und Gehorsam gegenüber der prophetischen Mahnung zusammen. Im Wort Haggais wird Jahwe selbst erkannt, wie denn auch die Sprüche von 8b–11 das Volk dem Ich Jahwes konfrontierten.

13   Der Schulderkenntnis und Gehorsamserklärung hat der Berichterstatter zum Abschluß des Auftritts einen Zuspruch beizufügen. Dabei nennt

er Haggai nicht »den Propheten«, wie es der Haggai-Chronist regelmäßig tut (1,1.3.12a; 2,1.10), sondern einen מלאך יהוה. Das Wort findet sich für Propheten nur selten: 2Chr 36,15f.; Jes 44,26; vgl. den Eigennamen Maleachi Mal 1,1. Von der Wurzel לאך = »senden«, »schicken«, »abordnen« hergeleitet (vgl. KBL[3]), bestimmt es den Propheten als einen Gesandten, einen Boten Jahwes; vgl. KElliger, BK XI/1, 470 zu Jes 44,26. Daß Haggai nur als der Beauftragte Jahwes recht verstanden ist, wird durch die Beifügung במלאכות יהוה wiederholt betont. »Unter dem Botenauftrag Jahwes« steht die Beistandszusage, die er als »Jahwes Spruch« verkündet. (Damit erscheint der Jahwename ein drittes Mal in V. 13.) Zum Beistandszuspruch vgl. HDPreuss, ». . . ich will mit dir sein!«: ZAW 80 (1968) 139–173 (141ff.); DVetter, Art. עִם – mit: THAT II, 325–328. Meist erscheint der Zuspruch »Ich bin mit (bei) dir (euch)« mit der Präposition עִם (mit) und sing. Suffix. Die hiesige Form mit אֶת (bei) und plur. Suffix (אני אתכם) findet sich nur noch Jer 42,11 und Hag 2,4b (s.u. S. 59). Ein Bedeutungsunterschied zwischen אֵת und עִם ist im Gebrauch der Formel kaum festzustellen. אֵת mag mehr auf lokale Nähe, עִם mehr auf Begleitung und Gemeinschaft hinweisen; vgl. Ges-Buhl und KBL[3]. Demnach wäre das Haggaiwort zu übersetzen: »Ich bin an eurer Seite«, »Ich stehe euch bei« (Jes 30,8; 43,5; Ex 33,21). Der Beistandszuspruch gehört zum »priesterlichen Heilsorakel«, wie es sich bei Deuterojesaja besonders häufig aufgenommen findet; vgl. Jes 41,10; 43,2.5; Jer 30,10f.; dazu JBegrich, Das priesterliche Heilsorakel: ZAW 52 (1934) 81–92 (82f.) = Ders., GesStud: TB 21 (1964) 217–231 (219f.). In unserem Haggaiwort antwortet die Beistandsverheißung auf die Äußerung der »Furcht vor Jahwe« (12b). Hat das Volk sein Versäumnis und seine verfehlte Leidenschaft (4.9) erkannt, so darf es schon einen Vorgeschmack der Gegenwart Jahwes erfahren (zu 8b s.o. S. 28f.).

Zu 1,14 s.u. S. 35f.

Eine ausführliche Interpretation zum Schluß der prophetischen Auftrittsskizze (12b–13) bietet der Haggai-Chronist in 12a.14. Zunächst führt er aus, wie »Furcht vor Jahwe« (12b) zu verstehen ist. Sie vollzieht sich in einem »Hören auf die Stimme Jahwes und auf die Worte Haggais des Propheten«, wobei שמע ב nicht nur die Arbeit der Ohren, sondern zugleich die des Herzens, d.h. des Erkennens, des Wollens und somit des Gehorsams meint; vgl. AKFenz, Auf Jahwes Stimme hören (1964) 38f.44–50.65. Die Wendung שמע בקול יהוה אלהים (in der יהוה durch ein suff. zu קול ersetzt und אלהים mit einem auf die Hörer bezogenen suff. versehen werden kann), findet sich gegen 70mal im Alten Testament, davon etwa 85% im Dtn (z.B. 8,20; 13,19; 15,5), in deuteronomistischen Stücken des Jeremiabuches (z.B. 3,25; 7,28; 26,13) und des deuteronomistischen Geschichts-

12a

werks (z.B. Jos 24,24; 1Sam 12,15; 2Kön 18,12); vgl. auch WThiel, Die deuteronomistische Redaktion von Jeremia 1–25: WMANT 41 (1973) 86. Hatte die Auftrittsskizze betont, daß es Jahwe sei, der in dem Gesandten Haggai begegnete (13a, s.o. S. 32f.), so wird jetzt in parallelen Wendungen entfaltet, daß sich das Hören auf Jahwes Stimme im Hören auf die Worte des Propheten Haggai vollzogen habe und daß in den Worten des Propheten Haggai die Stimme Jahwes Gehorsam fand. Der Parallelismus entspricht der Sendung Haggais durch Jahwe, wie denn der כאשר-Satz die Vollmacht des Propheten in Jahwes Abordnung und in der Identität von Haggais Wortverkündigung mit dem Willen Jahwes begründet; 12a nimmt in eigener Sprache die Vorlage von 13a auf. Zur Bedeutungsverwandtschaft von לאך (מלאך) und שלח vgl. RFicker, Art. מלאך – Bote: THAT I, 900f.903. שלח beschreibt die Sendung eines Boten ungleich häufiger als מלאך (s.o. S. 33) und bleibt für die Prophetie charakteristisch (Jes 6,8; Jer 1,7; Ez 2,3; Sach 4,9; Mal 3,1.23). Das Wort entspricht der bei Haggai geläufigen Botenformel אמר יהוה (כה): 1,2.5.7f.; 2,6f.9.11; vgl. die Gottesspruchformel נאם יהוה 1,9.13; 2,4aα.β.8.9.14.17.23aα.β.bβ, dazu Exkurs u. S. 78f.

Merkwürdig ist, von wem der Haggai-Chronist das Hören des Prophetenwortes aussagt. Daß an erster Stelle Serubbabel als Hörer genannt wird, entspricht dem Adressaten des Wortereignisses in 1,1. Aber warum fehlt im Wirkungsbericht V. 12 die Amtsbezeichnung »Statthalter Judas«, die doch weder in 1,1 noch in 1,14; 2,2.21 ausgelassen wird? Daß sie in der direkten Anrede in 2,4 und 23 nicht erscheint, ist verständlicher, obwohl in 2,4 unmittelbar neben dem titellosen Serubbabel Josua mit Amtsbezeichnung angeredet wird. (Der Name des Vaters Serubbabels Schealti-el wird nur in 2,4 und 21 nicht angegeben.) Bei Josua fehlt weder jemals der Name des Vaters noch das Amt. Serubbabel scheint der bekanntere und für Haggai wichtigere zu sein. Er steht immer an erster Stelle (vgl. auch Esr 2,2; 3,8; 4,2; 5,2; Sach 4,6.7.9.10; Sir 49,11) und muß beim Tempelaufbau mindestens in den Anfängen die führende Rolle gespielt haben (Sach 4,9!). Der Titel »Statthalter von Juda« mag zu sehr an persische Bevollmächtigung erinnern. Für Haggai und seinen Chronisten ist Serubbabel letztlich »Jahwes Knecht« (2,23). Durch Jahwes Wort allein sieht er sich auch in 2,4 bestärkt und schon hier in 1,12a zum Gehorsam überwunden. Josuas Amt als Hoherpriester hingegen steht nicht in Spannung zum Tempelaufbau.

Auffällig in der Reihe der Hörer des Propheten ist die Nennung des »ganzen Überrestes des Volkes«. Mit שארית erscheint ein Begriff, der die Exulanten als Träger der Verheißung bezeichnet; er wird zum Heilstitel des Volkes der Überlebenden. In der exilischen Prophetie ist er verbreitet (vgl. Jes 46,3; Jer 23,3; Mi 2,12; 4,7; Zef 3,13 u.ö.; BK XIV/4, 95). Er meint zuerst die bei den Deportationen der Jahre 597 und 587 »dem Schwert

Entronnenen« (2Kön 19,31; Esr 9,14; 2Chr 36,20) und nachher die Heimkehrer aus der Gola (Neh 7,71; vgl. Mi 7,18; Jer 44,28; Sach 8,6.11f.). Im
deuteronomistischen Jeremiabuch Kap. 42–44 wird »der Rest Judas« zu
einer steten Benennung derer, die in die Nachbarstaaten auseinanderge-
jagt waren und dann unter Gedalja wieder heimkehrten, ebenso für die
Auswanderer nach Ägypten; vgl. Jer 43,5; 40,11.15; 42,2.15.19;
44,12.14.28. Bezeichnend ist, daß der Haggai-Chronist nicht vom »Rest
Judas« spricht wie jene Kapitel aus der späteren Exilszeit (vgl. WThiel,
WMANT 52, 1981, 65.78f.), sondern vom »Rest des Volkes«. Haggais
»Überrest des Volkes« ist von den alteingesessenen, nicht-deportierten
Judäern zu unterscheiden (vgl. KGalling, Studien 75.136 und EJanssen,
Juda in der Exilszeit: FRLANT 69, 1956, 119³). שארית kann nicht als eine
andere Bezeichnung für die nachexilische Bewohnerschaft Jerusalems
und Judas angesehen werden, weil in Esr 3,8; 4,1; 6,16 ausdrücklich die
Söhne der Gola als die Erbauer des neuen Tempels bezeugt werden. Haggai und der Verfasser der Auftrittsskizze hatten Altjudäer und Heimkehrer nicht erkennbar unterschieden (vgl. 1,2 und 12b.13a). Warum wird
jetzt der »gesamte Rest des Volkes« den gehorsamen Hörern Serubbabel
und Josua zugezählt? Es ist der Teil des Volkes, der von den führenden
Kreisen Jerusalems abstammt, während die ärmeren nicht deportiert
worden waren (vgl. 2Kön 25,11f.). Auf diese Kreise hatten Serubbabel
und Josua, selbst Heimkehrer, von der gemeinsamen Verheißungs- und
Heimkehrgeschichte her den stärksten Einfluß; s.u. S. 75. Sie werden am
ehesten ein offenes Ohr für das neue prophetische Wort gehabt haben, als
der geistig und wirtschaftlich lebendigere Teil des Volkes, der auch nicht
ohne Vermögen war, wie die Dotationslisten zeigen; vgl. Neh 7,69–71 und
KGalling, Studien 56f.89f.101–103. So kommt es denn auch unter der
maßgeblichen Führung des Statthalters und des Hohenpriesters bald
vom Hören zur Tat.

Zu 1,12b.13 s.o. S. 32f.

Doch wie die Auftrittsskizze in 13 mit dem Zuspruch von Jahwes Bei- 14
stand endete, so läßt der Chronist dem Hören (12a) nicht alsbald das Handeln folgen. Es bedarf auch für ihn zuvor noch des besonderen Eingriffes
Jahwes: »Jahwe erweckte den Geist Serubbabels, ..., und Josuas, ..., und
des gesamten Überrestes des Volkes«. עור hi. beschreibt das Aufwecken
des Schlafenden oder des Schläfrigen (Sach 4,1; Jes 50,4), das Aktivieren
des Untätigen, das Ansporn des Trägen (Jes 41,2.25; 45,13). רוח meint
in diesem Zusammenhang die Willenskraft des Menschen (vgl.
HWWolff, Anthropologie 65–67). So ist die Wendung העיר את רוח wohl
zu unterscheiden von der Gabe des Geistes Jahwes an den Menschen (Ez
11,19; 36,26f.; Joel 3,1f. [יהוה] נתן את־רוח/שפך); vgl. Sach 4,6; Hag 2,5aβ

und u. S. 59f. Indem Jahwe den menschlichen Willen zur Aktivität veranlaßt, bringt er den Hörenden zum Handeln. Solche »Erweckung« widerfährt nicht nur den Gliedern des Gottesvolkes (vgl. Jer 51,11; 1Chr 5,26; 2Chr 21,16), sondern auch etwa dem Perser Cyrus (Jes 41,2.25; 45,13). Jahwes Aktivieren dient in der Wortverbindung העיר את־רוח immer seinem Geschichtswalten, nicht einer individuellen »Erweckung« zur Frömmigkeit (HBardtke 16–19). Das gilt insbesondere vom »Erwecken des Geistes des Cyrus« (2Chr 36,22ff.; Esr 1,1ff.) mit dem Ziel der Heimführung der Verbannten und des Tempelbaus. So verhilft die »Erweckung des Geistes« nicht nur einzelnen zur Tatkraft des Willens; sie kann vielmehr der ganzen Gemeinde der Heimkehrer widerfahren, wie es auch Esr 1,5 vorausgesetzt ist. Ebenso ist nun hier neben Serubbabel und Josua »die Gesamtheit des Überrestes des Volkes«, also die ganze Heimkehrergemeinde, betroffen und damit entsprechend den Cyrus-Texten die Erfüllung der Geschichtswende nach der Rückkehr weiterer Kreise der Gola nähergerückt; jetzt kann sie mit dem Tempelbau ihre Vollendung erwarten. Jahwe selbst ist es, der dazu die Willenskraft geweckt hat (14a).

Erst jetzt (14b) werden die erweckten Hörer zum Subjekt des Berichts. »Sie kamen und nahmen die Arbeit auf.« ויבאו zeigt die Bewegung an, die alsbald entsteht (s. Textanm. 2a–a). Man versammelt sich am Ruinenfeld des Tempels zu Beratungen, zu allerersten Vorbereitungsarbeiten, vielleicht zum Aufbruch in die Berge zur Holzbeschaffung gemäß der Mahnung Haggais in V. 8a. Die Wendung עשׂה מלאכה umfaßt das ganze Werk des Wiederaufbaus; ויעשׂו impf.cons. ist hier inchoativ zu verstehen. מלאכה findet sich besonders häufig in Ex 35f. und im chronistischen Geschichtswerk für allerlei (Auftrags-)Arbeiten, zumal für besonders qualifizierte Arbeiten am Heiligtum (vgl. JMilgrom-DPWright, Art. מלאכה: ThWAT IV, 906). Esr 3,8 und 6,22 formulieren die »Arbeit am Jahwehaus« ähnlich wie hier (מלאכת בית יהוה). Esr 2,69; Neh 7,70 erwähnen einen אוצר המלאכה, den »Schatz des Werks«, d.h. wohl eine Baukasse, die aus Schenkungen gefüllt wird und aus der Arbeitslöhne und Materialkosten bezahlt werden konnten (Esr 3,7; Neh 7,69; vgl. KGalling, Studien 103). Daß es bei alledem um das »Haus Jahwes der Heerscharen, ihres Gottes« geht, wird zum Schluß des ersten Wortereignisberichtes vom Haggai-Chronisten hervorgehoben.

V. 15a ist schwerlich mit V. 14 zu verbinden, da hier nicht von Geschehnissen die Rede ist, die auf einen einzigen Tag zu fixieren wären, sondern von einem längeren Prozeß, der dreieinhalb Wochen füllt (vgl. 1,1.12a. 14a mit 15a), es sei denn, man bezöge 1,15a nur auf 1,14b, wie es wohl von der letzten Redaktion gedacht ist. S.o. S. 18 und u. S. 40f.

Ziel   Ganz eindeutig ist es, worauf Haggai im Streitgespräch mit seinem Volk hinauswill: »Baut Jahwes Haus!« (8a). Kürzer und konkreter geht es

36

nicht: »Auf ins Gebirge zum Holzholen!« Da kann jedermann sofort zufassen (s.o. S. 28). Das Ziel ist klar.

Doch es gibt heftige Widerstände. Geschäftig rennt man fürs eigene Haus (4.9b). Man schafft eifrig für den eigenen Lebensunterhalt (6.9a). Es bleibt keine Zeit zum Tempelbau (2b.4a). Ist das Nein zum prophetischen Aufruf zu überwinden?

Haggai droht nicht, Haggai klagt nicht an, Haggai argumentiert: »Denkt über euer Ergehen nach!« (5b.7b, s.o. S. 26). Vergleicht euer Verhalten mit eurem Geschick! Der Prophet und sein Volk haben einen gemeinsamen Ausgangspunkt: die gegenwärtige, harte Erfahrung schlechter Zeiten. Doch die Konsequenzen sind verschieden. Das Volk sagt: »Weil Not herrscht, darum ist keine Zeit für den Tempel« (2b.9a); Haggai dagegen: »Weil ihr keine Zeit für den Tempel habt, darum herrscht Not!« (9b). Der Prophet kehrt Ursache und Wirkung um. So bringt er die Wahrheit ans Licht. Haggai kann das entscheidende Argument hinzufügen: Die Not geht auf Jahwes Wort zurück (9b–11).

Ist dieser Haggai nicht ein allzu »kleiner« Prophet? Kreist seine Motivation nicht nur um materiellen Wohlstand? Fesselt ihn nicht der Vergeltungsgedanke? (Vgl. FHesse, Haggai: Verbannung und Heimkehr, Festschr WRudolph, 1961, 109–134.) Zeigt sein alleiniger Einsatz für den Tempelbau nicht offenkundige Gleichgültigkeit gegenüber ethischen und geistlichen Zielen? (Vgl. FJames, JBL 53, 1934, 235; BSChilds, Introduction to the Old Testament as Scripture, 1979, 466f.) Man vergleiche Amos und Jesaja, aber auch Sach 1,6; 7,5ff.; 8,14ff.!

Doch zeigt er nicht seine eigene Größe? Vgl. vRad, TheolAT[4] 291f. Mit den kleinsten Anfängen zum Wiederaufbau (»Holz holen!«, 8a) verbindet er die große Zusage seines Gottes: »Ich zeige mich in meiner Herrlichkeit« (8b; s.o. S. 29). So sieht er inmitten kärglicher Verhältnisse ein ganz Neues aufleuchten, unerwartet, unverdient. Mit den ersten kleinen Schritten verbindet er das große Widerfahrnis von Gottes Gegenwart. Dabei bleibt er erstaunlich nüchtern.

Sein Berichterstatter hat festgehalten, daß er auf seine Weise das Volk angeleitet habe, »Gott zu fürchten«, und daß er es des Beistandes seines Gottes vergewisserte (12b–13, s.o. S. 32f.). Daß er den Beginn des Tempelbaus bewirkt habe, berichtet er nicht.

Das geschieht in jener großen Redaktion, die die prophetische Auftrittsskizze (1,4–11.12b–13) als Hauptstück hineingenommen hat in die große chronistische Dokumentation des Tempelbaubeginns (1–3.12a. 14, s.o. S. 33f.). Lag der Auftrittsskizze nur daran zu zeigen, wie das Volk zur Gottesfurcht geführt wurde, so bringt der Haggai-Chronist nun die genauen Daten über die Wirkung der Haggaisprüche. Sein Ziel nennt er in 14b: »Sie nahmen die Arbeit am Hause Jahwes auf.« Dazu beantwortet er die Fragen Wer? Wann? Warum? Wie?

Wer? Der Statthalter Serubbabel steht immer an erster Stelle (1,1.12a.14, s.o. S. 34), neben ihm Josua, für dessen Dienst der Tempel unentbehrlich ist, und vom Volk »der gesamte Überrest des Volkes«, d.h. die Heimkehrer aus der Gola, die Haggai und sein Zeuge nicht besonders erwähnt hatten (s.o. S. 24).

Wann? Das Datum des 1. VI. im zweiten Darius-Jahr (= 29. August 520) dokumentiert den Einschnitt, den der Anstoß durch Haggai im Leben der nachexilischen Gemeinde darstellte: Die Zeit des ersten Tempels und seiner Zerstörung geht zu Ende. Eine neue Zeit des zweiten Tempels beginnt mit dem datierbaren Ereignis eines Gotteswortes.

Warum kam es zum Wiederaufbau? Der Haggai-Chronist nennt mit dreifacher Betonung Jahwes Tat der »Erweckung des Geistes« (14a): die Willenskraft Serubbabels, die Willenskraft Josuas und die Willenskraft der gesamten Heimkehrergemeinde wurde durch den Gott Israels, durch ihn allein, durch ihn aber auch unwiderstehlich erweckt. Ohne das von Jahwe heimgeführte Volk der Exulanten, das Gottes Gericht am härtesten erfahren hatte, aber hindurchgerettet wurde, wäre es wohl nicht zum Neubau gekommen.

Wie es aber dazu kam, das ist für den Chronisten eindeutig auf den Propheten Haggai zurückzuführen. Darum beginnt er seine Dokumentation mit der Einführung des prophetischen Wortereignisses (1–3). Darum nimmt er die Niederschrift von Haggais Sprüchen auf (4–11.2b.13b). Darum betont er, daß die Neubauwilligen in den Worten Haggais die Stimme Jahwes erkannt haben (12a).

Mit solcher Dokumentation soll die Gemeinde des neuen Tempels festhalten, daß ihr erneuertes Gotteshaus eine Erfüllung speziellen prophetischen Gotteswortes darstellt, dem Widerwillen des Volkes zum Trotz (2b.9b). Auch ein »kleiner« Prophet kann Großes auf den Weg bringen. Durch fünf Jahrhunderte wird es zum Dokument der Hoffnung auf Gottes endgültige Wohnung inmitten der Menschheit.

Zweiter Auftritt:

Wende zum Segen

(1,15a; 2,15–19)

ESellin, Studien zur Entstehungsgeschichte der jüdischen Gemeinde II Literatur
(1901). – JWRothstein, Juden und Samaritaner: BWAT 3 (1908) 53–73. – AFernández, El Profeta Ageo 2,15–18 y la fundación del segundo templo: Bib. 2 (1921)
206–215. – AGelston, The Foundations of the Second Temple: VT 16 (1966)
232–235. – KKoch, Haggais unreines Volk: ZAW 79 (1967) 52–66. –
WHSchmidt, Art. יסד – gründen: THAT I (1971) 736f. – RMosis, Art. יסד:
ThWAT III (1982) 668–682 (676f.680f.). – DJClark, Problems in Haggai 2,15–
19: BiTr 34 (1983) 432–439.

[1,15a]**Am vierundzwanzigsten Tage des Monats [im sechsten][a] . . .**   Text
[2,15]**[Jetzt aber:][a]**
Richtet doch eure Aufmerksamkeit
    vom heutigen Tage an vorwärts!
Bevor ihr[b] Stein zu Stein legtet
    am Tempel Jahwes:
[16a]**›Wie ist es euch da ergangen?‹[a]**
Kam[b] einer zum Kornhaufen,
    der zwanzig (Maß) bringen sollte,
        so gab es (nur) zehn.
Kam[b] einer zur Kelter [Keltertrog][c],
    um fünfzig (Maß) zu schöpfen,
        so gab es (nur) zwanzig.
[17a]**[Ich schlug euch mit Kornbrand und Mehltau,**
mit Hagel alles Werk eurer Hände.
Aber es gab keine [b]›Rückkehr bei euch‹[b] zu mir hin – Spruch Jahwes][a].
[18]**Richtet doch eure Aufmerksamkeit**
    vom heutigen Tage an vorwärts!
[a]**[vom vierundzwanzigsten Tage des neunten (Monats),**
nämlich[b] von dem Tage an[c], da der Tempel Jahwes wiederhergestellt
                                 wurde.

[d]**Richtet eure Aufmerksamkeit darauf![d]][a]**
[19]**Gewiß[a], noch ist die Saat in der Korngrube,**
    noch[a] trägt [b][der Weinstock, der Feigenbaum und der
                              Granatapfelbaum][b]
                der Ölbaum nicht.
Aber[c] vom heutigen Tage an werde ich segnen.

1,15a a בששי statt הַשִּׁשִּׁי (vgl. 1,1a) oder לַשִּׁשִּׁי (vgl. 2,1a.10a.18b.20) zeigt, daß   1,15a
das Wort nachgetragen ist (WNowack). Der Glossator wollte wohl eine Ver-
wechslung mit dem vierundzwanzigsten Tag im neunten Monat (2,10.18b.20)

2,15 ausschließen. Vgl. ESellin 459. – **2,15a** Mit der Trennung von 1,15a und 2,15ff. sind Worte verlorengegangen, und am Kopf von 2,15 ist ועתה sekundär zugefügt worden, um nach der Umstellung des Urtextes von 2,15–19 diesen nunmehr betont auf das »Jetzt« des 24. IX. (= 18. Dezember) (vgl. 18bα mit 2,10) zu beziehen (s.u. S. 43f.). Erwägenswert bleibt der Vorschlag von FHorst, dem Aufruf (»Richtet doch eure Aufmerksamkeit vom heutigen Tage an vorwärts!«) vorzuschalten: הָיָה דְבַר־יהוה בְּיַד־חַגַּי הַנָּבִיא אֶל־זְרֻבָּבֶל בֶּן־שְׁאַלְתִּיאֵל פַּחַת יְהוּדָה וְאֶל־יְהוֹשֻׁעַ בֶּן־יְהוֹצָדָק הַכֹּהֵן הַגָּדוֹל וְאֶל־כֹּל שְׁאֵרִית הָעָם לֵאמֹר. Denn ohne eine ähnliche Einführung beginnt sonst kaum ein datierter Bericht des Haggai-Chronisten; vgl. 1,1; 2,1f.10.20. JWRothstein 64 wollte den Beginn des Spruches nach 1,5a ergänzen. Doch s.u. S. 41. In diesem Falle kann damit gerechnet werden, daß der Haggai-Chronist die Datierung 1,15a bei 1,14b beließ, um den übrigen Urbestand von 2,15–19 hinter 2,14 zu setzen. Zur Begründung s.u. S. 48f. – **b** Das Subjekt

16 (2.plur.) zum inf.abs. bestimmt der Kontext; s.o. Textanm. 1,9a–a. – **16a–a** *M* erscheint unverständlich (MBuber: »ehe sie da waren«). *G* (τίνες ἦτε) wird מַה־הֱיִיתֶם (oder מִי) gelesen haben (KMarti). Die Anredeform (2.plur.) in *G* paßt besser in den Kontext als das suff.3.plur. in *M*. – **b** Vielleicht ist בֹּא als inf.abs. zu lesen; so KMarti nach 1,9. – **c** פורה kommt sonst nur noch in Jes 63,3 vor. Das weitaus häufigere Wort für »Kelter« (יקב) bedarf nicht einer Erklärung. So kann פורה nicht als nachgetragenes Interpretament verstanden werden. Soll das Wort hier als (nachgetragene) Maßeinheit dienen? Vgl. WRudolph 45f. Textanm. 2,16f.; KGalling, Art. Wein und Weinbereitung: BRL² 362 versteht פורה als Wort für die Gesamtkelteranlage, die aus Tretplatz (גַּת) und Sammelbecken (יקב) besteht. – **17a–a** Der ganze Vers erklärt und ergänzt V. 16. Indem er vor allem in

17 seinem Anfang recht genau an Amos (4,9) erinnert, ist er als Glosse anzusehen. Vgl. Textanm. 2,14a–a und c, ferner s.u. S. 43. – **b–b** 17b ist schwer verständlich. *M* übersetzt MBuber: »aber zu mir hin gabs nichts bei euch«. *G* (οὐκ ἐπεστρέψατε πρὸς με) *V* (et non fuit in vobis qui reverteretur ad me) geben zu erwägen, daß nach ואין nur שׁוּב ausgefallen und אתְכֶם statt אֶתְכֶם zu vokalisieren ist. Weniger dicht beim überlieferten *M*-Text bleibt der Vorschlag, in freier Aufnahme des Refrains von Am 4,6–11 וְלֹא שַׁבְתֶּם אֵלָי zu lesen. Nur einen Konsonanten (und die Vokalisation eines Wortes) ändert ESellin: וְאֵין אִתְכֶם אָנִי; vgl. 1,13b;

18 2,4b. – **18a–a** 18b bietet eine Kette nachträglicher Interpretationen zum Tage der Wende (18a), den Haggai ankündigt. Vgl. schon JWRothstein 58. S.u. S. 46. – **b** לְ leitet als explicativum in der Bedeutung »nämlich« genaue Erklärungen ein (vgl. Jer 1,18; 2Chr 28,15 und KBL³ 485a Nr. 22). *G* übersetzt nur καὶ ἀπό = וּמִן. – **c** Die zusammengesetzte Präposition gibt nur einen terminus a quo an; WAMBeuken 209. – **d–d** Die Wiederholung von 18aα wurde an dieser Stelle nötig, weil die Aufforderung durch die umfangreichen Ergänzungen allzu weit von ihrem

19 sachlichen Objekt (19a) entfernt wurde. – **19a** Statt »und bis« in 19aβ ist in Parallele zu 19aα und nach *G* (εἰ ἔτι) וְעַד zu lesen. Das Adverb הַ, gewöhnlich Fragepartikel, hat zuweilen exklamative Bedeutung: »sicher« (einschränkend), vgl. Joüon Gr § 161b und WAMBeuken 212f. – **b–b** נשׂא am Satzende setzt ein sing. Subjekt voraus. Die drei vor dem Ölbaum genannten Fruchtbäume sind wohl nachgetragen, um den Umfang der Mißernten zu verdeutlichen und die Fülle des Segens anzukündigen. – **c** Der asyndetische Übergang zum Schlußsatz 19b stellt den Gegensatz heraus; vgl. BrSynt § 134a.e.

Form Worauf bezieht sich die Datierung von 1,15a? Mit 1,15b kann sie nicht verbunden werden, da dieser Halbvers nicht von 2,1 zu lösen ist und somit der Datierungsfolge Jahr – Monat – Tag von 1,1 entspricht. Eine Beziehung auf 1,14b ist sachlich zwar möglich, da nichts gegen die Aufnahme der Tempelbauarbeiten dreieinhalb Wochen nach Haggais großer Streitrede am 1. VI. (1,1; = 29. August) spricht (s.o. S. 36). Jedoch ist sie stilistisch unwahrscheinlich. Denn der Haggai-Chronist stellt seine regelmäßigen Datierungen sonst stets an den Anfang der prophetischen Reden (s.o. S. 15f.). Sie müssen nicht immer als Wortereigniseinführungen so breit dargelegt sein wie in 1,1; 1,15b–2,2 und 2,10. Bringt er ein neues Stück, das stofflich oder zeitlich mit dem vorangehenden eng verbunden ist, wie in 2,20, so kann er sich auf die Angabe des Tages beschränken, wie denn auch hier in 1,15a.

Wo aber sind die zu 1,15a gehörigen Prophetenworte geblieben? Seit ESellin (1901), JWRothstein (1908) und HGMitchell (1912) hat man sie in 2,15–19 gefunden. Formale und inhaltliche Gründe sprechen dafür, daß der Grundbestand von 2,15–19 ursprünglich hinter 1,15a und vor 1,15b–2,9 gestanden hat und daß er im jetzigen Zusammenhang zwischen 2,10–14 und 2,20–23 sekundär ist. Die Unterscheidung rein – unrein im priesterlichen Lehrgespräch und die Bestimmung »dieses Volkes« als »unrein« (2,10–14) findet keinerlei Nachhall in 2,15–19. (Die stilistisch angepaßte Wiederholung der Wendung כל־מעשה ידיהם aus 2,14aβ in 17aβ sowie die der Datierung von 2,10 in 2,18bα sind als Nachträge zu erkennen; s.u. S. 43.) Dem unterrichtenden und urteilenden Charakter von 2,(10–)14 stehen im Grundbestand von 2,15–19 dialogisch lebhafte Sätze im Anredestil mit Aufruf und Frage gegenüber, die in eine Verheißung münden. Sie erinnern viel mehr an den Diskussionsstil der ersten Auftrittsskizze in 1,4–11; zu den Merkmalen einer Auftrittsskizze auch dieses Stückes s.o. S. 7.17 und WAMBeuken 214. Bis in den Wortlaut erinnert der Appell zur Aufmerksamkeit in 2,15.18a an den Mahnruf zum Nachdenken in 1,5b.7b.

Der stilistischen Nähe zum ersten Streitgespräch entsprechen die Inhalte. Dem Aufruf zum Tempelbaubeginn (1,8) ist nun der Tag gefolgt, da erstmals »Stein zu Stein« gelegt wird (2,15). 1,14b und 1,15a verknüpfen die ersten beiden Auftritte zeitlich und inhaltlich. Noch lastet die Not der Dürre auf dem Lande (vgl. 2,16.19a mit 1,6.9–11). Aber an die Stelle des Fluches über die Lässigen (1,6.9, s.o. S. 27ff.) tritt mit dem Baubeginn der Zuspruch des Segens (2,15.19b). So paßt denn 1,15a mit dem Grundbestand von 2,15–19 als Wort zur Eröffnung der Bauarbeiten am 24. VI. = 21. September 520 zeitlich und stofflich wie stilistisch aufs beste unmittelbar hinter 1,1–14 (am 1. VI. = 29. August 520) und vor 1,15b–2,9; denn hier – am 21. VII. = 17. Oktober 520 – werden schon erste Ermüdungserscheinungen am Bau vorausgesetzt (2,3f.). Die jetzige Datierung von 2,15–19 auf den 24. IX. (= 18. Dezember 520, s. 2,10 und 18b) ist viel zu weit entfernt (um fast vier Monate) von Haggais erstem Aufruf am 1. VI.

(= 29. August 520). Der Bericht in 1,12a.14 widerspricht dem allzu deutlich, selbst wenn man mit KGalling, Studien 136 eine längere Zeit für »vorbereitende Aufräumungsarbeiten« annehmen wollte. Gewichtiger erscheinen die Gründe für eine Verbindung von 1,15a mit dem Grundbestand von 2,15–19.

Ort Doch dieser starke literarkritische Eingriff verlangt Antwort auf die Frage, warum und wozu der Text an seinen heutigen literarischen Ort versetzt worden ist. OKaiser, EinlAT⁵ 286 meinte, der Bearbeiter wolle vermeiden, daß das letzte Wort des Büchleins über das Volk negativ lautete. Wahrscheinlicher finde ich die Vermutung von KElliger, daß ein Redaktor das Ende der Notzeit mit der Abweisung der »Samaritaner« nach 2,14 verbinden wollte. In dieser Richtung möchte ich erwägen, daß die Umstellung des Grundbestandes von 2,15–19 mit der Bearbeitung der prophetischen Auftrittsskizze durch den Haggai-Chronisten, den wir in 1,1–3.12a.14 kennenlernten (s.o. S. 16ff.), zusammenhängt. Wir sahen in 1,12a.14 und werden in 2,2 erneut sehen, daß es nach dem Haggai-Chronisten »der gesamte Überrest des Volkes«, d.h. die Gemeinde der Heimkehrer aus der Gola war, die dem prophetischen Aufruf zum Tempelbau Folge leistete. Dem Haggai-Chronisten liegt offenbar an einer genaueren Bestimmung des von Haggai selbst aufgebotenen »Volkes« (1,2.12b.13; 2,4). In 2,10–14 steht anscheinend eine Erweiterung der Mitarbeiterschaft zur Diskussion, die gewisse Kreise Alteingesessener in die Bauarbeiten einbeziehen soll, die aber als »unrein« abgewiesen werden (2,14; vgl. Esr 4,1–5 und u. S. 71ff.). Die Entscheidung über den Trägerkreis des Tempelneubaus scheint für den Haggai-Chronisten ein wichtiges Datum gewesen zu sein. Erst mit dieser Klärung konnte für ihn der legitime Tempelbau beginnen. So ist für ihn der 24. IX. (= 18. Dezember 520) nach 2,18b statt des 24. VI. (= 21. September) nach 1,15a »der heutige Tag«, an dem die Wende zum Segen erfolgt (2,18a.19). Damit ist auch der Appell zur Aufmerksamkeit (2,15.18a) auf ein Ende der Dürre um ein Vierteljahr verschoben. Setzten die Regenfälle in der Winterzeit 520/19 besonders spät ein?

Mit der Verschiebung von 2,15–19 hinter 2,10–14 sind kleinere Textänderungen verbunden. Man hat angenommen, daß statt ועתה am Kopf von 2,15 und hinter 1,15a die übliche Einleitungsnotiz des Haggai-Chronisten zu ergänzen sei, etwa nach 1,1 und 1,15b–2,2; s. Textanm. 2,15a. Doch wenn der Haggai-Chronist selbst die Umstellung von 2,15–19 und die Trennung von 1,15a durchgeführt hat, dann ist auf ihn auch das gegenwärtige ועתה zurückzuführen (s.u. S. 44). Es bereitet die Umdatierung vom 24. VI. (= 21. September) auf den 24. IX. (= 18. Dezember) vor; vgl. 1,15a mit 2,10.18b. 1,15a aber bleibt an seinem alten Ort, nunmehr als Datierung von 1,14b.

18b präzisiert die Umdatierung. Alle drei Satzteile schließen sich als Nachinterpretationen an den Wortlaut der vorgegebenen Auftrittsskizze an. מיום in bα nimmt מן־היום הזה aus aβ auf, ebenso למן־היום in bβ, wobei ל־explicativum (s. Textanm. 18b) auf eine zweite Redaktionsstufe hinweisen könnte, in der das Tagesdatum mit dem Tagesereignis verdeutlicht wird. Der letzte Satzteil nimmt den Aufruf zur Aufmerksamkeit aus 2,15 und 18a verkürzt auf, um nach den Einschaltungen den Tenor des Textes vor V. 19 noch einmal einzuschärfen. Inhaltlich schließen sich auch die beiden ersten Satzteile von 18b an Vorgegebenes an: die Datierung bα nimmt das Einführungsdatum aus 2,10 auf, das Tagesereignis der ersten Arbeit an den Fundamenten, bβ das »Stein zu Stein legen« der alten Auftrittsskizze 2,15b. Doch muß offenbleiben, ob 18b insgesamt auf die Redaktion des Haggai-Chronisten zurückgeht oder (wenigstens teilweise) auf eine spätere Glossierung. S.o. Einleitung § 3.

Als sekundär ist auch V. 17 anzusehen. Er nimmt genau die ersten vier Worte von Am 4,9a auf und inhaltlich 9b; in 2,17aβ ist כל־מעשׂה ידיהם aus 2,14bα nur in die Anredeform übertragen. Der Vers entspricht nicht eigentlich dem Skopos des Textes, der zur Erwartung der Zeitenwende vom Unheil zum Heil auffordert. Statt dessen verlängert er den Blick auf die bisherige Notzeit und entspricht dabei stilistisch durchaus nicht den Sätzen in 16 und 19a.

Auch in 19aβ sind die ersten vier Wörter als sekundäre Steigerung der geschilderten Mißernte anzusehen. Die drei nachgetragenen Bäume finden sich Joel 1,12 in der gleichen Folge. Der Singular נשׂא im alten Text weist nur auf den Ölbaum zurück. Daß auch Weinstock, Feigenbaum und Granatapfelbaum keine Früchte tragen, verdunkelt nachträglich nochmals die Notzeit. Das Bisherige steht deutlicher vor Augen als das verheißene Künftige. Nur weil das Fehlende die Merkmale der Wende liefert, hat es die Bearbeiter wiederholt beschäftigt.

Die Fragen nach Ort und Zeit der Segensverheißung in 2,15f.18a.19 haben die Forschung entsprechend der bewegten Geschichte des alten Textes umgetrieben. Wahrscheinlich ist er ursprünglich vom Propheten Haggai dreieinhalb Wochen nach den Sprüchen in 1,4–11 verkündigt worden (nach 1,15a am 24. VI. = 21. September 520). Er hat also die allererste offizielle Aufnahme der Tempelbauarbeiten begleitet. Da begann mehr als Planung und Vorarbeit, wozu nach (möglichen) früheren Anläufen (Esr 4,24; 5,16) und gemäß 1,12–14 vorher ausreichend Zeit war. Sonst hätte der Prophet nicht »diesen Tag« dreimal hervorgehoben (2,15a.18a.19b). Jetzt wurde »Stein zu Stein« gefügt (s.u. S. 44f.). Die Wendung weist auf die erste Arbeit am Fundament hin. In Fortführung der Botschaft von 1,4–11 (s.o. S. 27ff.) ruft Haggai jetzt auf dem Tempelgelände den Umschwung der Notlage zu einer besseren Zeit aus (2,16.19).

Diesen Text vom 24. VI. (= 21. September) – in seinem ursprünglichen

Wortlaut vermutlich in einer prophetischen Auftrittsskizze notiert – hat der Haggai-Chronist aufgenommen. Er hat ihn einem neuen »Jetzt« zugeordnet (ועתה 2,15aα), nämlich dem Tag der Abweisung des »unreinen Volkes« in 2,(10–)14; s.o. S. 42f. und u. S. 75. Erst mit diesem Entscheid sieht er die Wende zum Segen gegeben. Die neue literarische Zuordnung (von 2,15f.18a.19 zu 2,10–14) führt zu einer neuen Datierung in 2,18bα auf den 24. IX. (= 18. Dezember; 2,18bα nach 2,10). Dieser Tag wird damit auch als Tag des Beginns der Arbeit am Tempelfundament (2,18bβ nach 2,15b) bestimmt. Der sekundäre Charakter dieser Angaben in 18b ist unübersehbar (s.o. S. 43). Hier hat die literarisch-theologische Textbearbeitung, vermutlich durch den Haggai-Chronisten, zur falschen Datierung eines historischen Ereignisses (am 24. VI. = 21. September 520 nach 1,15a) geführt. Es ist schließlich auch sehr unwahrscheinlich, daß die Tempelbauarbeiten mitten in der Regenzeit im Dezember begonnen haben sollten.

Wort 1,15a   Wie wir sahen (o. S. 40ff.), ist 1,15a ursprünglich auf 2,15 zu beziehen und erst nachträglich auf 1,14b. Gegenüber der fälschlichen Datierung von 2,15–19* auf den 24. IX. in 2,18b erschien die in 1,15a nachgetragene Notiz »im sechsten (Monat)« richtig und wichtig (s. Textanm. 1,15a). Im Streit um die Datierung fällt die Entscheidung über die Vorstellungen vom Tempelbaubeginn. Unsere literarkritische Analyse (s.o. S. 43f.) ergab, daß am 24. VI. (= 21. September) nicht erst die Beratungen, Planungen und Verordnungen Serubbabels und Josuas begannen, auch nicht allererst die Aufräumungsarbeiten, die Beseitigung der Schuttberge und die Materialbeschaffung, vielmehr die Arbeit am Fundament und damit die eigentliche Wiederaufbautätigkeit. Es ist schwer vorstellbar, daß die

2,15   Zeit vom 1. bis 24. VI. (vom 29. August bis zum 21. September) unter dem Eindruck von Haggais Worten ohne vorbereitende Maßnahmen verlaufen wäre. Mit dem »Hören« auf den Propheten werden das »Erwecken« des guten Willens und die »Aufnahme« der Vorbereitungsarbeiten (1,12a.14) von den ersten Tagen an diese Wochen erfüllt haben. Daß mit dem 24. VI. (= 21. September) ein neues Tagesdatum genannt wird, ist nur von einem herausragenden Vorgang verständlich. Er wird als wahrhaft entscheidender Termin in 2,15 genannt: Man hat »Stein zu Stein gelegt am Tempel Jahwes«. Nur der damit beschriebene eigentliche Baubeginn macht in Haggais Sinn die dreifache Erwähnung »dieses heutigen Tages« (היום הזה) in 2,15a.18a und 19b verständlich.

Die Wendung »Stein zu Stein legen« ist im ganzen Alten Testament einmalig. Es muß sich um »große, kostbare Quadersteine« handeln, wie sie nach 1Kön 5,31; 7,10f. schon zum Fundament des salomonischen Tempels gehörten (vgl. Esr 6,4). Der Ausdruck erlaubt nicht, an ein allgemeines Hochziehen der Mauern zu denken (ASvanderWoude), aber auch nicht an die feierliche Grundsteinlegung zum Baubeginn (FHorst), als wäre an einen einzelnen Stein zu denken. SAmsler 30 nimmt die Studien von APetitjean (Les oracles du Proto-Zacharie, 1969, 216–226) auf, wonach in mesopotamischen Texten beim Wiederaufbau eines zerstörten Heiligtums ein Fundamentstein des alten Heiligtums durch den König dem Fundament des neuen Tempels eingefügt wurde. Doch die Ausdrucksweise Haggais läßt einen ähnlich speziellen liturgischen Akt nicht erkennen. Eher ist mit KGalling, Studien 130 und ThABusink 804 aus Analogie altmesopotamischer Baugewohnheiten und nach Esr 6,3 anzunehmen, daß beim Wiederaufbau eines zerstörten Tempels das alte Fundament beibehalten wurde. Nirgends wird berichtet, daß ein neues Fundament gelegt worden sei. Sofern 2,18bβ (יסד pu., s.u. S. 47) als Interpretament zu 2,15b angesehen werden darf, handelt es sich um die Arbeitsaufnahme zur Wiederherstellung des Baus, und zwar am היכל יהוה. Nur in 2,15 benennt Haggai (wie in 2,18bβ und Esr 3,10) den Tempel mit diesem Wort (sonst immer »Haus [Jahwes]«: 1,2.4b.8.9bβ.[14]; 2,3.7.9). היכל bezeichnet den Hauptraum des Tempels, den »Saal« (MNoth, BK IX/1 zu 1Kön 6,17) zwischen Vorhalle und Allerheiligstem. Mit dem »Setzen von Stein zu Stein« an einem bestimmten Tag beginnt der eigentliche Wiederaufbau. Daß er festlich begangen wurde, belegt lediglich die kurze Rede Haggais an diesem Tage. (Vgl. jetzt DLPetersen, 1984, 89f.)

Ähnlich wie in 1,5b.7b fordert Haggai aufs neue »die Ausrichtung der Herzen«, d.h. die gespannte Aufmerksamkeit. Ihr Gegenstand soll jetzt nicht der Zusammenhang von Verhalten und Ergehen sein (»der Wege«, s.o. S. 26), sondern die Zeitenwende, die mit »diesem heutigen Tage« zu erhoffen ist. Mit Spannung sollen die Zeugen des Baubeginns beobachten, wie anders das Leben vor und nach diesem Tage erfahren wird. Die Zeitadverbien ומעלה (מן־היום הזה) und מטרם weisen auf Gegensätze hin. מעלה meint im lokalen Gebrauch »höher« (Dtn 28,43), »darüber« (1Kön 7,11), »aufwärts« (Ri 1,36), im temporalen Gebrauch wie hier »weiterhin«, »in der Folgezeit«, »fernerhin«, »in Zukunft« (1Sam 16,13; 30,25). (מ)טרם hingegen meint »noch nicht« (Gen 2,5), »noch ehe« (Ps 90,2), »bevor« (Ps 119,67), weist also auf Vergangenes, Bisheriges, Überholtes zurück. Den »heutigen Tag« deklariert Haggai als die genaue Grenze zwischen dem Bisherigen, das als vergangen qualifiziert wird, und dem zu erwartenden Künftigen, das Jahwe heraufführen wird. Der Aufruf zur Erwartung dieser Wende beherrscht den ganzen Spruch, wie seine Wiederholung in 18a zeigt.

Was zwischen 15 und 18 liegt, »ist eine parenthetische Vorbereitung 16 des Hauptgedankens durch eine notwendige Antithese« (JWellhausen 176). Haggai fragt nach dem bisherigen Befinden, wenn G mit der Frage »Wie ist es euch ergangen?« den alten Text trifft (s. Textanm. 16a–a). Haggai beantwortet die Frage selbst, indem er in zwei parallelen Sätzen

45

das Bisherige als Zeit der Enttäuschungen bestimmt. Er beschreibt das Mißverhältnis von Erwartung und Erlebnis in der Getreideernte und bei der Weinlese präziser als in 1,6.9a.10f. Zum Körnerhaufen vgl. Ruth 3,7. Korn als Grundnahrungsmittel erbrachte nur die Hälfte. Der Weinertrag entsprach nur zwei Fünfteln der Erwartung. יקב ist die Kelterkufe, das Sammelbecken, in das der auf dem Tretplatz ausgekelterte Most durch eine Röhre abfließt; s.o. Textanm. 16c. Die Zahlenverhältnisse allein sind Haggai wichtig. G und V ergänzen die Maßeinheiten (εἴκοσι σάτα – δέκα σάτα [Getreidemaß], πεντήκοντα μετρητάς [Krüge]; viginti modiorum [Scheffel] – quinquaginta lagoenas [Flaschen]). So fordert Haggai zuerst energisch auf, sich das bisherige Elend zu vergegenwärtigen.

17   Der sekundäre V. 17 (s.o. S. 43) fährt in einem anderen Stil darin fort. Er zeigt den Grund der in 16 beschriebenen Mißernten auf. In der Form der Gottesrede zeigt sich Jahwe selbst als der, der das Volk mit Getreidekrankheiten schlug; vgl. zu 17a neben Am 4,9 auch Dtn 28,22; 1 Kön 8,37. Für die Schäden im Weinbau fügt der Ergänzer den Hagel hinzu, mit dem Jahwe die Weinstöcke zerfetzte (Ps 78,47). Haggai dagegen hatte nichts anderes als die (von Jahwe herbeigerufene) Dürre für die wirtschaftliche Not verantwortlich gemacht (1,10f.). Summarisch wird »alles Werk eurer Hände« in Aufnahme der Wendung aus 2,14aβ und in Angleichung an den Anredestil (2.plur., vgl. aα und b) als Gegenstand des Gottesgerichts hinzugefügt (vgl. auch »alle Arbeit der Hände« in 1,11bβ). Das Ziel aller bisherigen Schläge war nach diesem Zusatz nichts anderes als die Rückkehr zu Jahwe (s. Textanm. 2,17b–b). Daß sie bisher nicht erfolgt war, erklärt und begründet die nach V. 16 erfahrenen Mißernten. Haggai selbst hatte von einer Rückkehr zu Jahwe nicht im Sinne von Am 4,6–11 (vgl. 4,4f.; 5,4f.) gesprochen, eher im Sinne von 1 Kön 8,37ff., wo Rückkehr zu Jahwe sich in betender Hinkehr zum Jerusalemer Tempel zeigt. Haggai hatte nur zu Bauarbeiten am Tempel aufgefordert (1,8), allerdings mit der Erwartung der herrlichen Gegenwart Jahwes. Daß man jetzt nach 2,15b »Stein zu Stein am Tempel Jahwes gefügt« hat, genügt ihm als Zeichen der Rückkehr zu Jahwe. Ebendas hatte vorher gefehlt, ergänzt V. 17.

18a   18a kehrt zum lebhaften Redestil Haggais zurück und wiederholt den Ansporn zur aufmerksamen Beobachtung der weiteren Geschehnisse, die nun mit der aufgenommenen Arbeit an den Fundamenten zu erwarten sind. Die Wiederholung steigert die Spannung.

18b   Doch bevor der Text die Sprüche zum Baubeginn fortsetzt und abschließt (19), wird im Kommentatorenstil eine genauere Erklärung des »heutigen Tages« (18aβ) in zwei Stufen (18bα und β) eingeschaltet. Der Stil der nachgetragenen Glosse ist unverkennbar (s.o. S. 43). Die Datierung auf den 24. IX. (= 18. Dezember) wird oft (von JWRothstein 61 bis WRudolph 46, s. Textanm. 18a–a) als sekundär fehlerhaft angesehen: ursprünglich habe hier לַשִּׁשִּׁי statt לתשיעי gestanden, entsprechend 1,15a;

erst mit Rücksicht auf den heutigen Kontext in 2,10 sei der neunte Monat an die Stelle des sechsten gesetzt worden. Doch genügt die Annahme eines einzigen Korrekturganges, wenn der Haggai-Chronist mit der Umstellung von 2,15f.18a.19 die Datierung in 2,18b gemäß 2,10 eingetragen hat (s.o. S. 42ff.).

Die zweite, nunmehr inhaltliche Bestimmung »dieses Tages« in 18bβ sucht das Datum mit dem »Stein-zu-Stein-Legen« in 2,15b zu identifizieren. יסד pi. und pu. ist nicht nur ein bautechnisch präziser Ausdruck für das Legen und Gelegtwerden der Fundamente, sondern markiert auch allgemein den Anfang der Bauarbeit, das Legen der untersten Schicht (vgl. 2,15) oder auch noch allgemeiner die Wiederherstellung eines Gebäudes im ganzen; vgl. AGelston (1966); WHSchmidt, THAT I, 736f.; RMosis, ThWAT III, 676f. und 1Kön 5,31; 6,37; Sach 4,9; 8,9; Esr 3,6.10. Dem היכל als dem großen Saalbau des Tempels gilt wie in 2,15b auch nach dieser Glosse der erste Einsatz (s.o. S. 45).

Mit den letzten beiden Worten nimmt der Redaktor von 18b den Aufmerksamkeitsruf von 2,15a und 18a verkürzt auf, um an den alten Text der Auftrittsskizze anzuknüpfen und im Übergang zum Redeschluß die Spannung noch einmal spürbar zu machen.

19a zeigt wieder deutlich den vertrauten dialogischen Redestil Haggais. Wie nach dem ersten Aufruf von 2,15a zunächst wahrscheinlich eine Frage folgte (»Wie ist es euch da ergangen?«, s. Textanm. 16a–a), so folgt hier ein הַעוֹד, also die rhetorische Fragepartikel הֲ, die »Ja« als Antwort erwartet und hier als ein eingeschränktes Zugeständnis verstanden werden kann: »sicher!«, »gewiß!«; s. Textanm. 19a. Wie 16, so betont 19a noch einmal den bisherigen Notstand, wie er bis zum eben erreichten Tag der Wende fortwirkt: »noch!«. Noch kann die Saat nicht in die Furchen gebracht werden; da der Regen ausbleibt, muß sie noch im Getreidespeicher liegen (vgl. Joel 1,17 und BK XIV/2, 40). Noch trägt auch der Ölbaum keine Oliven (19aβ). Nach den Ernteausfällen bei Korn (16a.19aα) und Wein (16b) wird damit auch der Mangel an Öl als dem dritten klassischen Ernteertrag beklagt (zu Korn-Most-Öl s. 1,11 und o. S. 32). Bis zum »heutigen Tag«, das gesteht der Prophet, reichen die schmerzlichen Entbehrungen. Der Ergänzer erweitert noch die Reihe der Ernteschäden, indem er neben den Ölbaum den Weinstock, den Feigenbaum und den Granatapfelbaum stellt; s.o. S. 43 und Textanm. 19b–b.

Doch »vom heutigen Tage an werde ich segnen.« Abrupt (s. Textanm. 19c) und so kurz wie möglich sagt der Prophet die Wende an. Waren bisher nach zwei Aufforderungen zum Beobachten (15a.18a) nur die bisherigen schlimmen Folgen der Dürre vergegenwärtigt (16.19a), war dabei nur die Spannung aufs Künftige erregt worden, ohne die Erwartung des Neuen in der Folgezeit zu verdeutlichen, so wird nun im letzten Satz mit dem einzigen Wort »ich werde segnen« alles gesagt, was »von diesem Tage an

19

und in Zukunft« die Lage verwandeln wird. Der Fluch, an den Haggai in der ersten Rede 1,6.9–11 erinnern mußte, findet ein Ende. Der Segen überläßt die Mißernten, die Dürre und alle daraus folgenden Mängel und Entbehrungen der Vergangenheit. Der Segen bringt die Mittel zum Leben. Die Wende zum Segen kommt aus Jahwes eigenem Zuspruch.

Ziel   Die zweite Rede Haggais (2,15f.18a.19), dreieinhalb Wochen nach seinem ersten Appell gehalten (1,15a, vgl. 1,12–14), begleitet den Beginn der Arbeit am Tempelfundament (2,15b). Sie mahnt mit Leidenschaft, diesen Tag als das Ende der bisherigen bäuerlichen Nöte und als den Beginn einer neuen Segenszeit zu entdecken. Das siebzigfache deuteronomische Heute (vgl. Dtn 5,1–3; 7,9–11; 8,19; Ps 95,7b und HWWolff, Anthropologie 132–135) bekommt als Umkehrpunkt vom Gestern zum Morgen eine neue Bedeutung. Ab heute soll geschehen, was zuvor nicht war. Dreimal sind die Hörer gemahnt, mit geschärften Sinnen wahrzunehmen, daß »von diesem Tage an« (2,15a.18a.[bβ]19b) die Dinge in der Folgezeit nicht beim alten bleiben. Wer hört, wird beobachten können, daß sich die Lebensverhältnisse von heute auf morgen zum Besseren hin verändern. »Diese scharfe Fixierung des Jetzt ist für die Realistik des heilsgeschichtlichen Denkens dieser Propheten charakteristisch (Hag 2,15.18; Sach 8,11)« (vRad, TheolAT II, 296f.).
     Beachtenswert sind die Bedingungen der Wende. Auf den ersten Blick ist es die menschliche Entscheidung, an diesem Tage »Stein zu Stein an Jahwes Tempel zu legen« (2,15b; vgl. 18bβ). Ohne eine bestimmte menschliche Tat würde sich nichts ändern. Diese Tat aber ist ein Akt des Gehorsams gegenüber der prophetischen Aufforderung (1,8a) und der göttlichen Einwirkung auf den menschlichen Willen (1,12–14). Der Gehorsam ist mehr ein Festakt als eine menschliche Leistung. So bringt nicht die Tat als solche die neue Zeit, sondern die Erkenntnis von Gottes Gericht (1,9–11) und das Vertrauen auf Gottes Verheißung (1,8b). Wie die Mißernten und Nöte trotz der menschlichen Mühen eintraten und die Dürre nicht durch Menschen abzuwenden war, so kommt die Wende zum Segen nicht aus bäuerlicher Anstrengung, sondern von dem, der über Dürre wie über Fruchtbarkeit verfügt. Eigentliche Bedingung neuer Fruchtbarkeit ist somit die Erwartung von Gottes herrlicher Gegenwart in seinem Heiligtum. Aber es ist nicht etwa zuerst die Fertigstellung des Tempels abzuwarten. Der allererste Handgriff am Fundament gilt und genügt schon. Damit ist die Segensverheißung nicht leistungsbedingt. Menschliche Voraussetzung ist allein das Vertrauen.
     Etwas anders sieht es die Haggai-Chronik, wenn sie die Rede 2,15–19* literarisch hinter 2,10–14 einordnet und in ein neues »Jetzt« hineinstellt (zu 2,15aα s.o. S. 43ff.). »Jetzt« wird Bedingung der Wende zum Segen die

Zurückweisung der »Unreinen« von der Mitarbeit am Tempelbau (s.u. S. 74f. zu 2,14).

Die entscheidende Botschaft in 2,15–19* bleibt für den Haggai-Chronisten wie für den Propheten selbst: »Von diesem Tage an werde ich segnen.« Dieses אברך verdient ein eigenes Nachdenken. Sooft im Alten Testament vom Segen die Rede ist, so einmalig ist die Wortform ברך pi.1.sg. an dieser Stelle; vgl. JScharbert, Art. ברך: ThWAT I, 826f. Nur hier ist sie vom Ich Jahwes gesprochen und zugleich ohne Objekt. (Vgl. Ps 115,12, auch ohne Objekt, aber in 3.pers.) Gewiß will die Verheißung zuerst (von 16 und 19a her) ganz materiell verstanden werden: »Ich werde Erntesegen verschaffen.« Das bedeutet zugleich: »Ich will Lebenskraft und friedvolle Zukunft schenken.« Doch sagen solche Paraphrasen zuwenig, indem sie zuviel sagen. In der objektlosen Selbstzusage schenkt Israels Gott seine eigene, segnende Gegenwart. So legt das Wort auch 1,8b aus. Jede Aussprache feierlicher Segensworte entfällt. »Ich werde segnen« –, das sagt mehr.

So kann die Segenszusage weit über die frühnachexilische Gemeinde hinauswirken, auch über Israel hinaus (Jes 51,2; 61,9), in die Weite der Völkerwelt hinein (Jes 19,25). Schließlich kann die neutestamentliche Gemeinde von Haggais zweiter Rede lernen. Es ist ihr Gott und Herr, von dem auch sie Hilfe in materieller Not erwarten darf. Um den konkreten Ort ihrer Versammlung in seiner Gegenwart sollte auch sie sich kümmern. Aber seine Segensgegenwart darf sie seit Jesu Kreuzigung nicht nur und nicht in erster Linie im Wohlergehen suchen. »Trachtet am ersten nach dem Reich Gottes und nach seiner Gerechtigkeit, so wird euch solches alles zufallen« (Mt 6,33). Auch die am alt-neuen Fundament schaffende Gemeinde soll genau aufmerken auf die Veränderung in der Folgezeit, wie es der wiederholte Aufruf (2,15.18) fordert. Sie sollte nicht dieses und jenes erwarten, sondern die Gegenwart ihres segnenden Herrn.

Dritter Auftritt:

Aufrichtung der Angefochtenen

(1,15b–2,9)

Literatur GvRad, Die Stadt auf dem Berge: EvTh 8 (1948/49) 439–447 = Ders., Ges Stud: TB 8 (1958.⁴1971) 214–224. – GKrause, Aller Heiden Trost, Haggai 2,7. Die Beweggründe für eine falsche Übersetzung und Auslegung des Textes durch Luther: Solange es Heute heißt. Festschr RHerrmann (1957) 170–178. – HABrongers, Bemerkungen zum Gebrauch des adverbialen *we'attāh* im Alten Testament: VT 15 (1965) 289–299. – WAMBeuken, Haggai – Sacharja 1–8. Studien zur Überlieferungsgeschichte der frühnachexilischen Prophetie: SSN 10 (1967) 49–64. – LTetzner, Die rabbinischen Kommentare zum Buche Haggai (Diss. München 1969). – MADandamaev, Persien unter den ersten Achämeniden: Beiträge zur Iranistik 8 (1976). – RAMason, The Purpose of the »Editorial Framework« of the Book of Haggai: VT 27 (1977) 413–421. – EJBickerman, La seconde année de Darius: RB 88 (1981) 23–28. – RBorger, Die Chronologie des Darius-Denkmals am Behistun-Felsen: NAWG (1982) 103–132. – WSchottroff, Zur Sozialgeschichte Israels in der Perserzeit: VF 27 (1982) 46–68. – RBorger-WHinz, Die Behistun-Inschrift Darius' des Großen: TUAT I/4 (1984) 419–450.

Text   [1,15b]**Im zweiten Jahr des Königs Darius,** [2,1]**im siebenten (Monat), am einundzwanzigsten (Tage) des Monats erging Jahwes Wort durch**[a] **den Propheten Haggai also:** [2]**Sprich zu Serubbabel, dem Sohn Schalti-els**[a]**, dem Statthalter von Juda**[b]**, und zu Josua, dem Sohn Jozadaks, dem Hohenpriester, und zum**[c] **Überrest des Volkes also:**
[3]**Wer ist unter euch noch übrig,**
    der dieses Haus in seiner früheren Herrlichkeit gesehen hat?
Und wie seht ihr es jetzt?
    Ist das nicht gleich[a] **Nichts in euren Augen?**
[4]**Aber nun bleibe fest, Serubbabel! –** [a]**Spruch Jahwes**[a]**.**
[Bleibe fest, Josua, Sohn Jozadaks, Hoherpriester!]
Bleibe fest, alles Volk des Landes! – [a]**Spruch Jahwes**[a]**.**
    Und arbeitet!
Denn ich bin bei euch. – [a]**Spruch Jahwes der Heerscharen**[a]**.**
– [5a]**[Mitsamt dem Wort, das ich mit euch vereinbarte,**
    als ihr aus Ägypten auszogt][a] **–**
Mein Geist bleibt beständig in eurer Mitte.
    Fürchtet euch nicht!
[6]**Denn so hat Jahwe der Heerscharen gesprochen:**
[a]**Nur noch eine kurze Frist ist es**[a,]
    dann werde ich Himmel und Erde,
        [b]**Meer und Festland erschüttern.**
[7]**Alle Völker werde ich erschüttern.**
    Dann kommen aller Völker ›Schätze‹[a]**,**

50

und ich fülle dieses Haus mit[b] Herrlichkeit,
  hat Jahwe der Heerscharen gesagt.
[8]Mir[a] gehört Silber[b],
  mir[a] gehört Gold[b].
  – Spruch Jahwes der Heerscharen.
[9]Groß wird sein die Herrlichkeit dieses Hauses,
  (größer) die künftige[a] als die frühere,
  hat Jahwe gesagt.
Und an dieser Stätte werde ich Heil stiften[b].
  – Spruch Jahwes.
[c][nämlich Seelenheil (Lebensrettung) zur Stärkung für jeden, der mit-
wirkt, diesen Tempel aufzubauen][c].

2,1a Das Haggai-Fragment aus *Murabba'at* (DJD II, 203) bringt hier אל statt 2,1
ביד. *Mur* gleicht damit an 2,10 und 20 an (vgl. auch Sach 1,1.7; 6,9; 7,1). אל ist als
sachliche Korrektur verständlich, da im folgenden (2) zunächst der Prophet angeredet wird (אמר־נא); erst in 3 wird der Wortempfänger (אל) zum Wortvermittler
(2,1 ביד). Doch ist ursprünglich אל־חגי (1bβ) vor dem dreifachen אל der Wortempfänger in 2 unwahrscheinlich (vgl. jedoch 2,20–21!). אל statt ביד in 1bβ ist die
einzige bemerkenswerte Variante im Haggai-Fragment von *Mur,* das den Text
von 1,12–2,10 umfaßt. *G* (ἐν χειρὶ Ἀγγαίου) *T* (ביד) bestätigen *M.* – **2a** S.o. Text- 2
anm. 1,12b. – **b** Zur *G*-Variante s.o. Textanm. 1,1b. – **c** *G* (πάντας) *(S)* setzt כל wie
in 1,12.14 (vgl. auch 2,4) voraus. *V* (ad reliquos populi) *T* (ולשארא דעמא) bestätigen *M;* vgl. auch Sach 8,6.11 ohne כל. – **3a** Vgl. Gen 44,18; Lev 7,7; Jes 24,2 und 3
BrSynt § 109d; Joüon, Gr § 174i; BK XIV/1, 103. – **4a–a** BHS erwägt Streichung. 4
Aber *M* wird durch *GTV* gestützt. – **5a–a** Zu der mit את eingeleiteten Ergänzung 5
sind drei Möglichkeiten der Beziehung denkbar: 1. als nachgetragenes Objekt
zu עשו in 4aδ; so versteht es *V* (et facite ... verbum quod placui vobiscum cum
egrederemini de terra Aegypti) und entspricht damit rabbinischer Tradition:
»Ibn Ezra: ועשו hängt zusammen mit dem Anfang des nachfolgenden Verses,
nämlich mit את־הדבר, und der Sinn ist, die biblischen Gesetze einzuhalten und
auszuüben«; ähnlich David Kimchi, nach LTetzner 31; 2. als Interpretament zu
אני אתכם in 4bα, das aber ungewöhnlich wäre; 3. als Interpretament zu 5aβ steht
es zeitlich, sprachlich und theologisch Jes 59,21 nahe. Die Zusage des Geistesbei-
standes wird mit dem Hinweis auf das Bundeswort beim Exodus begründet. In
jedem Falle ist 5aα als Nachtrag anzusehen, der *GL*Sy[h] noch unbekannt ist und
der die parallelen Beistandszusagen in 4b und 5aβ unterbricht und am wahr-
scheinlichsten auf die letztere zu beziehen ist. – **6a–a** Die ungewöhnliche, vier- 6
gliedrige Ansage eines drohenden Termins erweitert die häufigere zweigliedrige
Formel עוד מעט (»in Kürze«, »noch wenig«, »in Bälde« Hos 1,4; Jes 10,25; Jer
51,33; Ps 37,10; Ex 17,4). *G* (ἔτι ἅπαξ) setzt auch hier nur zwei Wörter voraus. אחת
unterstreicht die Einmaligkeit der kurzen Weile (KBL[3] 30). היא sagt das im folgenden entfaltete Geschehen an. Ausführlich behandelt die textkritischen Probleme ASvanderWoude 48; vgl. auch PRAckroyd, Exile 153f.; anders WRudolph (nach *G*): »noch einmal«. – **b** Ein Fragment aus der Geniza Cairensis sowie einzelne Mss schreiben את statt ואת. Die Auslassung der Copula, die auch
das rhythmische Gefälle strukturiert, dürfte als Unregelmäßigkeit ursprünglich
sein. – **7a** Der Singular kann kollektive Bedeutung haben (»Kostbares«). Doch 7
ist im Blick auf das pluralische Verbum (ובאו) und auf *G* (τὰ ἐκλεκτὰ) die pluralische Vokalisation חֲמֻדֹת vorzuziehen; vgl. PRAckroyd, Exile; Ges-K § 145e; KBL[3]

312f. Hingegen setzen *VTS* schon *M* voraus. *V* deutet den Satz messianisch: et veniet Desideratus cunctis gentibus (»Kommen wird der von allen Völkern Ersehnte«). Diese Deutung sieht eine Entsprechung zwischen 2,21b–23 und
8 2,6bα–7aβ. – **b** Zum doppelten Akkusativ vgl. 1 Sam 16,1; Jes 33,5. – **8a** Das vorangestellte Prädikat (Präposition mit Nomen oder Pronomen) im Nominalsatz ist stark betont; vgl. Ps 24,1; 31,16a und Joüon, Gr § 154f. – **b** Im Hebräischen werden Bezeichnungen für Gattungen und Stoffe determiniert; vgl. BrSynt §
9 21cβ. – **9a** האחרון kann sowohl auf כבוד bezogen werden (so *G:* ἡ δόξα τοῦ οἴκου τούτου ἡ ἐσχάτη) als auch auf הבית הזה (*V:* gloria domus istius novissimae); vgl. Joüon, Gr § 139a. Das inhaltliche Gefälle spricht für *G.* – **b** *S* verdeutlicht »mein Heil«. – **c–c** *G* bringt einen erläuternden Zusatz: καὶ εἰρήνην ψυχῆς εἰς περιποίησιν παντὶ τῷ κτίζοντι τοῦ ἀναστῆσαι τὸν ναὸν τοῦτον. Er beschränkt die Verheißung ausdrücklich auf die einzelnen, die beim Tempelbau mitwirkten, und verengt die Bedeutung von שלום auf den »Seelenfrieden« (Lebensrettung?).

Form   Die neue Einheit ist nach außen deutlich durch die datierenden Einführungssätze 1,15b–2,1 (dazu o. S. 40f.) und 2,10 abgegrenzt. Auch inhaltlich ist die Spruchfolge als ein geschlossenes Ganzes gut wahrnehmbar, beherrscht sie doch das Thema der »früheren Herrlichkeit dieses Hauses« im Vergleich zur jetzigen und zur künftigen von V. 3 an (כבוד הבית הזה האחרון מן־הראשון ... עתה) bis V. 9 (הבית הזה בכבודו הראשון).

Die Entfaltung erfolgt in vier Formen. Sie setzt als Disputationsrede mit (1.) Fragen ein, die auf Enttäuschungen eingehen (V. 3). Ihr folgen (2.) Mahnungen (V. 4a), die dem »Jetzt« (עתה V. 3bα) der Tempelruine das »Jetzt« (ועתה V. 4aα) der Ermutigung entgegenstellen. Die Mahnung zum Mut wird doppelt begründet: einmal (3.) (mit כי in 4bα eingeleitet) durch zwei verschiedene Beistandszusagen (4b.5aβ.b), zum anderen (4.) (mit כי in V. 6aα eingeleitet) durch drei Verheißungen von Jahwes alsbald zu erwartenden herrlichen Beihilfen (6–7.9a.b), die durch Gottesspruch- und Botenformeln voneinander abgegrenzt sind und in die ein Lehrsatz (8) eingeschlossen ist.

So finden wir im ganzen nicht eine formgeschichtlich geschlossene Rede vor, sondern meist mehrgliedrige Gruppen rhetorisch gesonderter Sprüche, die in der jetzigen literarischen Verknüpfung auch härtere Übergänge zeigen, z.B. von 3 zu 4 und von 5 zu 6. Deshalb liegt es nahe, die literarische Fügung der Sprüche 3–9 wieder als Auftrittsskizze aus Prophetenschülerkreisen zu verstehen (s.o. S. 17).

Von dieser Auftrittsskizze hebt sich auch hier deutlich die Redaktion des Haggai-Chronisten ab. Sie ist am einfachsten (in Parallele zu 1,1–3.12a.14, s.o. S. 15f.) in der Einführung zum Wortereignis wiederzuerkennen (1,15b–2,1), hier mit speziellem Botenauftrag zur Angabe der Adressaten (2,2: [נא]־אמר wie 2,21). Es stellt sich die Frage, ob der Haggai-Chronist darüber hinaus in die ihm vorliegende Auftrittsskizze hineingewirkt hat. Wegen der verschiedenen in 2,2 genannten Adressaten muß sich der Blick alsbald auf V. 4 richten.

Beim Vergleich fällt am meisten auf, daß statt vom »Überrest des Volkes« in 2 hier vom »gesamten Volk des Landes« (4) die Rede ist. Die Differenz erinnert an den Unterschied zwischen »dem Volk« in der ersten prophetischen Auftrittsskizze (1,12b.13a; vgl. 1,2) und dem »gesamten Überrest des Volkes« in der Haggai-Chronik (1,12a.14a). Haggai wollte wohl ursprünglich den Kreis der Bauleute möglichst weit ziehen; so spricht er hier vom »gesamten Volk des Landes« (כל fehlt in 1,12b.13a). Er wird dabei die Heimkehrer (den »Überrest des Volkes«) einschließen, sicher aber einstweilen die alteingesessenen Judäer in und um Jerusalem nicht ausschließen wollen. Der Haggai-Chronist hingegen, der nach 2,2 nur den »Überrest des Volkes« angesprochen sieht, schränkt den Kreis entsprechend 2,14 auf die »Reinen« ein (s.u. S. 71ff.), wie er denn auch den zweiten Auftritt (2,15–19 unter Abstoßung von 1,15a; vgl. zu ועתה 2,15 o. S. 42) hinter den vierten Auftritt (2,10–14) plaziert hat.

So gewiß also die Anrede des »ganzen Volkes des Landes« zu Haggais eigenen Worten gehört, so deutlich nimmt in V. 4 die Anrede »Josuas, des Sohnes Jozadaks, des Hohenpriesters,« die hochoffizielle Sprache des Haggai-Chronisten auf (vgl. V. 2). Daß am Ende der Anrede Josuas die Gottesspruchformel נאם יהוה im Unterschied zu den Worten an Serubbabel und an das »ganze Volk des Landes« fehlt, spricht für den Nachtragscharakter der Zeile.

Schwierig ist die Zuordnung der Anrede Serubbabels. Für ihre Zugehörigkeit schon zur alten Auftrittsskizze spricht, (1.) daß anders als beim Hohenpriester Vatersname und Amtsbezeichnung fehlen, (2.) daß »Statthalter Judas« auch in der Anrede des alten Haggai-Textes in 2,23 nicht vorkommt, und (3.) daß der Zuspruch wie beim »gesamten Volk des Landes« mit נאם יהוה schließt, was bei der Anrede Josuas nicht der Fall ist. Doch ganz sicher ist die Zuordnung zum alten Haggaiwort nicht, denn erstens fehlt die Amtsbezeichnung nicht nur in 2,23, sondern auch schon im chronistischen Bericht in 1,12a (s.o. S. 34), und zweitens ist von den Fragen in V. 3 her eigentlich nur die Anrede des Volkes verständlich, denn Serubbabel ist wie Josua im Exil geboren (s.o. S. 21ff.) und scheidet somit als Augenzeuge des ersten Tempels aus.

Sicherheit über die redaktionellen Zusätze des Haggai-Chronisten besteht also außer für 1,15b–2,2 nur für die Anrede an Josua in 4a, ist aber auch für die Anrede Serubbabels nicht ganz auszuschließen.

Der Ort auch dieser Spruchfolge ist in unmittelbarer Nähe der Tem- Ort pelruine zu suchen, wie die Fragen in V. 3 zeigen.

Als Zeit des Auftritts wird in V. 1 der 21. VII. genannt. Es ist der siebte Tag des am 15. VII. beginnenden Laubhüttenfestes, des großen Herbstfestes (Lev 23,34; Num 29,12). Da für den achten Tag, den letzten Festtag, unbedingte Arbeitsruhe angeordnet ist (Lev 23,36.39; Num 29,35), befinden wir uns am vorletzten Tag vor dem Wiederbeginn der Tempelbauarbeiten. (Zu den Opfern am siebten Tag vgl. Num 29,32–34.) Es ist der 17. Oktober im zweiten Jahr des Darius. Welches Jahr nach unserem julianischen Kalender ist es?

Exkurs   **Das zweite Jahr des Darius.** Der Haggai-Chronist datiert alle Sprüche des Propheten in das zweite Jahr des Darius: 1,1; 1,15b und 2,10. Danach ist Haggai innerhalb von weniger als vier Monaten am 1. VI., 24. VI., 21. VII. und 24. IX. öffentlich aufgetreten. Strittig ist neuerdings die chronologische Frage, ob die genannten Monate in das Jahr 520 oder 521 gehören. Die Antwort ist mit dem kerygmatischen Problem verknüpft, in welcher Beziehung Inhalte von Haggais Verkündigung (vor allem 2,6f. und 2,21–23) zu den Ereignissen im Perserreich insbesondere im zweiten Jahr des Darius stehen.

Das Problem erörtert EJBickerman, En marge de l'écriture II. La seconde année de Darius: RB 88 (1981) 23–28. Entgegen der in den letzten Jahrzehnten allgemein angenommenen Meinung, Haggai sei im Jahre 520 aufgetreten, vertritt er die These, dies müsse im Jahre 521 geschehen sein. Für das Jahr 520 tritt noch die jüngste Bearbeitung des entscheidenden Textes ein: RBorger–WHinz, Die Behistun-Inschrift Darius' des Großen: TUAT I/4 (1984) 419–450; vgl. auch RAParker–WHDubberstein, Babylonian Chronology 626 B.C.–A.D. 75 (1956) 14–16 und MADandamaev 114ff.

Unbestritten ist aufgrund der Behistun-Inschrift (§§ 11–13), daß nach der Rebellion des Gaumâta gegen Kambyses am 14. XII. (= 11. März 522) und seiner Machtübernahme als Großkönig am 9. IV. (= 1. Juli 522) Darius jenen Aufrührer »mit wenigen Mannen am 10. VII. (= 29. September 522) erschlagen« und seinerseits die Regierungsgewalt im persischen Großreich am gleichen Tage übernommen hat. Das volle Jahr lief vom 27. März 522 bis zum 13. April 521 (ein Schaltjahr!, s. TUAT I/4, 443).

Umstritten sind die Jahreszahlen der folgenden Regierungszeit Darius' I.: Ist das Jahr des Regierungsantritts (522/21) voll als erstes Regierungsjahr des Darius zu rechnen, obwohl er erst am 10. VII. (= 29. September 522) Großkönig wurde, so daß das zweite Jahr des Darius am 14. April 521 begonnen hätte? Dann entsprächen der 21. VII. (nach Hag 2,1) dem 28. Oktober 521 und der 24. IX. (nach Hag 2,10.20) dem 30. Dezember 521 (so nach EJBickerman 26). Oder aber ist das Jahr des Regierungsantritts als Akzessionsjahr des Darius seinem Vorgänger zuzuzählen, so daß das zweite Jahr des Darius erst vom Frühjahr 520 bis zum Frühjahr 519 liefe? Dann entsprächen der 21. VII. (nach Hag 2,1) dem 17. Oktober 520 und der 24. IX. (nach Hag 2,10.20) dem 18. Dezember 520. Das ist die Frage.

Die wesentlichen Argumente für 521/20 als zweites Jahr Darius' I. sind (nach EJBickerman):

1.   Das Jahr 522/21 darf für Darius nicht als Akzessionsjahr gezählt, sondern muß als sein erstes volles Regierungsjahr gerechnet werden, weil die Regierung eines Rebellen, des »Lügenkönigs« Gaumâta, nicht zählt (EJBickerman 25). Gaumâta »belog das Volk: ›Ich bin Smerdis (Bardija), der Sohn des Cyrus, der Bruder des Kambyses‹« (Behistun § 11). Darius hingegen kann sich als legitimen Erben des Kambyses (529–522) wissen, der Anfang Juli 522 in Syrien bei der Rückkehr aus Ägypten starb, ohne einen Sohn zu hinterlassen. Da die Zeit des Rebellen Gaumâta (s.o. Z. 21ff.) ungültig sei, müsse das ganze Jahr 522/21 als Darius' erstes Jahr und 521/20 als sein zweites Jahr gelten.

2.   Die weltpolitische Lage von 521 entspricht Haggais Worten nach EJBik-kerman besser als die von 520. In den Monaten Oktober bis Dezember 520 war die Herrschaft Darius' I. als Großkönig vom Nil bis zum Indus hin längst unan-gefochten gefestigt; vgl. auch MADandamaev 95. Jedenfalls kann von gefährli-chen Revolten anderer »Lügenkönige« längst nicht mehr die Rede sein. Die Er-schütterung der Völkerwelt und der Königtümer, auf die in Hag 2,7.22 ange-spielt wird, ist vorüber. Darius rühmt sich mit Recht, daß er »in einem einzigen Jahr« neunzehn Schlachten lieferte und neun Könige gefangennahm (Behistun § 52); dazu RBorger, NAWG 1982, 122ff.; vgl. dort zwischen S. 118 und 119 Tafel-zeichnungen; Fotos in Oxford Bible Atlas ²1974, 30; ANEP Nr. 249; MADanda-maev Tfl. II. Das ruhmreiche »einzige Jahr«, bei dem die Gaumâta-Rebellion vom 11. März bis zum 29. September 522 nicht mitgerechnet ist, läuft von De-zember 522 bis Dezember 521, in dem nicht weniger als neun zum Teil wieder-holte Aufstände in Babylonien, Elam, Armenien, Medien, Parthien und Persien niederzuschlagen waren. Im Herbst 521 ist das erschütternde Rumoren (Hag 2,7aα) in den »dreiundzwanzig Ländern« (Behistun § 6) des persischen Groß-reichs noch aktuell, wenn es auch schon abklingt. Im Herbst 520 aber kann es als überwunden gelten. Ein Fanatiker, der in Jerusalem im Oktober/Dezember 520 den Zusammenbruch des Reiches »in ganz kurzer Frist« (Hag 2,6) angekündigt hätte, wäre durch den persischen Statthalter Serubbabel sofort ins Gefängnis ge-worfen worden (so EJBickerman 24).

3.   Ein Prophet möchte nicht nur neueste Nachrichten aufnehmen, in der Perserzeit kann er es auch. Ein Vergleich von Hag 2,6f.21–23 mit Sach 1,7.11 zeigt, wie schnell frühnachexilische Propheten aktuelle Informationen verarbei-ten. Daß man noch im Dezember in Jerusalem auf eine weltweite Umwälzung hofft (Hag 2,6.22), im nächsten Februar aber – nach kaum zwei Monaten – die Revolutionäre zu Träumern geworden sind, die über ihren Utopien resignieren (Sach 1,7.11), paßt in den Winter 521/20 (so EJBickerman 27). Innerhalb von acht Wochen nimmt man die Wende wahr. Man verdankt es der vortrefflichen Nachrichtenpolitik Darius' I., der einen zentralen Kurierdienst aufbaute. Die großen Texte der Behistun-Inschrift, die Darius' triumphale Siege proklamie-ren, werden in zahllosen Kopien und in schneller Folge, »auf Tontafeln und auf Pergament«, »in alle Länder gesandt; die Leute erlernten sie« (Behistun § 70), und zwar je nach Bedarf in elamischer, babylonischer, altpersischer oder reichs-aramäischer Sprache. So können sie beispielsweise jüdische Soldaten in Ele-phantine am Nil lesen, wo reichsaramäische Fragmente gefunden wurden. Jeru-salem hat in Haggais Tagen sicher nicht die schlechtesten Nachrichtenkontakte; Briefverkehr mit der Gola in Babylon belegt schon Jeremia (Kap. 29); seit Kam-byses' Ägyptenfeldzügen (525–522) herrschte besonders reger Verkehr zwischen den südwestlichen Randzonen und den asiatischen Zentren des persischen Reichs. So wird auch Serubbabel, »der Statthalter von Juda«, jeweils schnell und vollständig informiert worden sein. Dann aber dürfte das zweite Jahr des Darius eher das Jahr der großen Aufstände gewesen sein, also 521/20.

So könnte denn nach EJBickerman die Korrektur der Theorie des Akzessions-jahrs, die Lage im Weltreich und der Nachrichtenfluß nach Jerusalem für Hag-gais Auftreten im Jahre 521 sprechen. Doch Gegengründe sind zu bedenken.

1.   Zum Akzessionsjahr. Im Jahre 522/21 erfolgte die volle Machtübernah-me durch Darius I. erst am 29. September 522 mit der Tötung Gaumâtas (Behi-stun § 13). Gaumâta hatte die offizielle Oberherrschaft erst am 1. Juli 522 mit dem Betrug, er sei Smerdis (Bardija), der Bruder des Kambyses, angetreten (Behistun § 12); nur seine Rebellion war schon seit dem 11. März 522 im Gange. Rechtmä-

ßiger Großkönig war Kambyses bis zu seinem Tode Anfang Juli (Behistun § 11); er hatte im April 522 in Ägypten von dem Aufstand Gaumâtas erfahren, war sofort zum Feldzug gegen ihn aufgebrochen, aber dann unterwegs in Syrien bei Hamath nach einer Selbstverwundung an Blutvergiftung Anfang Juli gestorben (WHinz, Art. Kambyses: RLA V, 1976–80, 329; eine andere Sicht vertritt MADandamaev, dazu vgl. WSchottroff 51f.). Selbst wenn man die Akzession des Darius im Blick auf Gaumâta wegen dessen Illegitimität (mit EJBickermans Argumenten) bestreiten könnte, so muß man doch die Legitimität der Herrschaft Kambyses' bis Anfang Juli 522 in Rechnung stellen. Keinesfalls kann das ganze Jahr 522/21 als erstes Regierungsjahr des Darius gezählt werden; es ist rechtlich das letzte Jahr des Kambyses und demgemäß das Akzessionsjahr des Darius. Somit beginnt das zweite Regierungsjahr Darius' I. (nach der Akzession vom 29. September 522 bis 13. April 521 und dem ersten vollen Regierungsjahr vom 14. April 521 bis 3. März 520) am 4. März 520 (RAParker-WHDubberstein a.a.O. 30).

2. Zur Lage. Zwar ist in diesem zweiten Regierungsjahr die Befriedung des Weltreichs im wesentlichen voll abgeschlossen, aber Darius selbst berichtet in Nachträgen vom Jahre 518 (Behistun § 71), daß »im zweiten und dritten Jahr, nachdem er König geworden«, von Elam her Aufruhr kam, der niedergeschlagen werden mußte; danach war noch ein Skythen-Aufstand zu überwinden (Behistun § 73). Gewisse Unruhen kennt also auch das Jahr 520 noch.

3. Zum Nachrichtenfluß. Wenn auch damit zu rechnen ist, daß man in Jerusalem verhältnismäßig genau und schnell über die Lage im Weltreich informiert wurde, so wird doch abgesehen von der auffälligen Datierung »im zweiten Jahr des Königs Darius« (1,1.15b; 2,10), dessen Herrschaft also unbestritten erscheint, die völlig andersartige Behandlung des Themas »Weltrevolution« in der Behistun-Inschrift und in Hag 2,6–9.21–23 im einzelnen zu beachten und zu erklären sein. Diese Differenz relativiert auch die Bedeutung der Frage, ob Haggai 521 oder 520 auftrat, wenn auch das letztere gesichert erscheint. Das Thema von Jahwes Welterschütterung ist nicht mit der Stabilisierung der Herrschaft eines menschlichen Weltregenten erledigt.

Wort 1,15b–2,1	Der 21. VII. wird also nicht als der 28. Oktober 521 (s.o. S. 54), sondern als der 17. Oktober des Jahres 520 verstanden werden müssen. Vier Wochen sind seit dem Beginn der Bauarbeiten am Tempelfundament vergangen. Haggai mag doppelten Grund haben, ein drittes Mal das Wort zu ergreifen. Das große achttägige Herbstfest (s.o. S. 53f.) war immer auch eine Gelegenheit, der Überführung der Lade in den ersten Tempel durch Salomo und damit der Weihe des ersten Tempels zu gedenken; vgl. 1Kön 8,1–3.65f. Zum andern aber läßt sich aus Haggais Worten schließen, daß die ersten Wochen mit der Erfahrung mühsamer und langwieriger Arbeiten an der Ruine Mutlosigkeit und Verdrossenheit verbreitet haben. Die traditionelle Gelegenheit des Festes nimmt der Prophet wahr, um dem akuten Verdruß zu wehren.
2,2	Der Haggai-Chronist dokumentiert diese Sprüche nicht nur für die verantwortlichen Leiter der Gemeinde Serubbabel und Josua, wie das beim ersten Auftritt der Fall war (vgl. 1,1), sondern nennt als Empfänger jetzt auch den »Überrest des Volkes«, d.h. die Heimkehrer aus der Gola (s.o. S. 34f.) als die berufenen Bauleute, was in 1,1 noch nicht der Fall war.

Sie haben sich nach 1,12a.14 als gehorsame Hörer und willige Täter des prophetischen Aufrufs erwiesen und sind aus dem »gesamten Volk des Landes« (2,4) die eigentlich Legitimierten (s.o. S. 53). Es fällt auf und hat schon G gestört (s. Textanm. 2c), daß nicht von der »Gesamtheit« (כל) des Überrestes wie in 1,12a.14 die Rede ist. Doch entspricht einfaches שארית העם dem gängigen Sprachgebrauch (Sach 8,6.11.12; Neh 7,71; vgl. Mi 5,7; 7,18 und BK XIV/4, 205).

Haggais Wort setzt wieder wie in 1,4 und 2,15f. im Anredestil beim 3 Denken der Hörer ein. Noch stärker als zuvor zeigt sich in drei Fragen mit dreimaliger 2.pers.plur. leidenschaftliche Kontaktsuche (מה אתם – מי בכם – הלא . . . בעיניכם –). In jeder der drei Fragen geht es um das eine Thema, den Tempel (הבית הזה), wie in 1,4 und 2,15, aber hier genauer: um seine »Herrlichkeit« (כמהו – אתו – כבודו). Die erste Frage fordert die heraus, die sich noch an den salomonischen Tempel erinnern können, die zweite fragt nach dem jetzigen Zustand, die dritte nach dem Ergebnis.

Wer sind »die Übrigen«? Es sind die Überlebenden, die schon vor dem Tempelbrand des Jahres 587 so alt waren, daß sich ihnen Bilder des salomonischen Tempels unvergeßlich einprägten, und die nun im Jahre 520 noch in der Lage sind, sich an der Versammlung um Haggai zu beteiligen. Sie müssen also mehr als siebzig Jahre alt sein. Der Statthalter Serubbabel und der Hohepriester Josua gehörten sicher nicht dazu, wurden sie doch erst im Exil geboren (s.o. S. 21ff.). Ob Haggai selbst zu den Alten gehörte, geht aus den Fragen nicht hervor. Daß er mit einem kleinen Kreis alter Augenzeugen rechnete, zeigen die zweite und dritte Frage, die sonst unsinnig wären. Esr 3,12 scheint die erste Frage Haggais aufzunehmen und auszuführen: Der Bericht nennt als die Alten »Priester, Leviten und Familienhäupter, die den früheren Tempel in seinem Bestande mit ihren eigenen Augen gesehen haben«; nach Esr 3,10–13 weinten diese Alten über den Anfängen der Bauarbeiten, während die Jüngeren jubelten.

Haggai ist bewegt von der Frage nach dem כבוד des alten Tempels. Hier geht es nicht um den Einzug der »Herrlichkeit Jahwes« (vgl. 1Kön 8,11; Ex 40,34f.; vgl. Hag 1,8 אכבד), sondern כבוד bedeutet hier schlicht die »Großartigkeit« des Tempelgebäudes, so wie vom כבוד als der »Pracht« eines Baumes (Ez 31,18), eines Waldes (Jes 10,18) wie des Libanon (Jes 60,13) die Rede sein kann oder auch vom »Glanz« und der »Schönheit« des Wohnhauses eines Reichen (Ps 49,17f.; vgl. 2Chr 32,27). Wenn man mit der früheren Großartigkeit des Tempels den jetzigen, nach der Arbeit weniger Wochen kaum veränderten Ruinenbestand vergleicht, so ist das Ergebnis niederschmetternd: Es ist »gleich Null«. Mit הלא weckt der Fragesteller die Aufmerksamkeit und rechnet mit Zustimmung. Er bezieht sich nur auf die eigenen Beobachtungen der Alten (»in euren Augen!«). Mit כְּ . . . כְּ erfolgt eine Gleichsetzung; s. Textanm. 3a. Targum Raschi übersetzt: »Er« (der Tempel) und »Nichts« gleichen sich

(LTetzner 30). Auch Sacharja (4,10) weiß um die deprimierte Einschätzung der »kleinen Anfänge«. Später erleidet der Mauerbau ähnlichen Spott: »Wollen sie die Steine aus den Schutthaufen lebendig machen?!« (Neh 3,34). Haggai kennt die Schwierigkeit jeden Neubeginns. In seinen Fragen zeigt er sein Mitleiden. Er widersteht jedoch der Gefahr, mit dem trostlosen Befund der Alten die Arbeitsmoral untergraben zu lassen.

4 Mit ועתה (4) setzt er dem »Jetzt« der kummervollen Lage (3) ein neues »Jetzt« der Ermutigung entgegen. ועתה bekommt hier geradezu den Ton eines »Trotzdem« oder »Dennoch«, wie es ähnlich in Jes 64,7 einen Vertrauensakt gegenüber einer widrigen Lage einleitet (HABrongers 295; vgl. auch schon Hag 1,5; 2,15). Ein dreifacher Gottesspruch begründet dieses »Dennoch« der Ermutigung (zweimal נאם־יהוה in 4aα.γ und ein abschließendes נאם־יהוה צבאות in bβ; s.u. S. 78f. Exkurs).

Zur Überarbeitung der Auftrittsskizze in 4 s.o. S. 52f.

Serubbabel wird hier nicht als »Statthalter Judas« angesprochen (vgl. dagegen 1,1.14; 2,2), als sei seine Autorität vom persischen Großkönig herzuleiten, sondern nur mit seinem Namen (vgl. 1,12; 2,23). Als der, der auf Jahwes Stimme hört (1,12a) und der als Jahwes Knecht sein besonderes Vertrauen genießt (2,23), ist er für die Arbeitsfreudigkeit der Baugruppen am Tempel als erster verantwortlich. Der Hohepriester tritt nur sekundär an seine Seite. Hauptsächlich gilt der Zuspruch der versammelten Gemeinde, wie sie schon in 3 angesprochen war; s.o. S. 57.

Wen meint Haggai mit der »Gesamtheit des Volkes des Landes«? Offenbar schwankt die Bedeutung des Ausdrucks im Laufe der Geschichte. In vorexilischer Zeit bezeichnet man mit עם־הארץ die Oberschicht der grundbesitzenden und politisch führenden Vollbürger; vgl. 2Kön 11,14ff.; 21,24; 23,30 und EWürthwein, Der ʿamm haʾarez im Alten Testament (1936) 53. Dagegen versteht Esr 4,4 in nachexilischer Zeit unter עם־הארץ die Feinde des עם־יהודה bzw. »die Feinde von Juda und Benjamin« (4,1a); insbesondere unterscheidet sich dieser עם־הארץ von den בְּנֵי הַגּוֹלָה (4,1b), die den Tempelbau unter Serubbabel und Josua in Angriff nahmen und die auch hier als »Rest« (שְׁאָר der Familienhäupter Esr 4,3) bezeichnet werden. Die Angehörigen jenes עם־הארץ leiten sich her von jenen Nichtisraeliten, die vom König von Assur nach dem Untergang des Nordreichs dort angesiedelt wurden (Esr 4,2b; vgl. 2Kön 17,24–41). Der so gekennzeichnete עם־הארץ möchte zwar mitwirken beim Tempelbau, wird aber wegen seiner vornehmlich heidnischen Herkunft abgewiesen (Esr 4,2–3). Haggais »Volk des Landes« muß zwischen diesen beiden Bedeutungen liegen; s.o. S. 53. Nach Hag 2,4 können die Heimkehrer unter Serubbabel (und Josua) sicher nicht aus dem Kreis der Bauleute ausgeschlossen werden, wenn anders 2,2 eine einigermaßen sachgemäße

Deutung bringt. Andererseits werden vom vorexilischen Sprachgebrauch her Altjudäer aus Jerusalem, Juda und Benjamin hinzugedacht sein (vgl. auch Sach 7,2.5), vielleicht sogar zusammen mit solchen Nachkommen von assyrischen Ansiedlern des achten Jahrhunderts, »die sich von der Unreinheit der Völker des Landes ihnen zugewandt hatten« (Esr 6,21). Jedenfalls weist Haggai selbst über ein zu enges Verständnis hinaus, wenn er betont »die Gesamtheit« des Volkes des Landes anspricht. Vielleicht ist Haggais Sprachgebrauch ein Zeichen dafür, daß er selbst einer Familie zugehörte, die 587 im Lande bleiben konnte; vgl. SAmsler 33; WRudolph 42; PRAckroyd, Exile 162; RAHulst, Art. גּוֹי/עַם – Volk: THAT II, 300f.

An den weiteren Kreis der am Tempelbau Beteiligten, an Heimkehrer und Altjudäer wendet sich also Haggai mit seinen Ermutigungsrufen. חזק (imp. ḳ.) fordert auf, alle Kraft zusammenzunehmen und den Mut nicht sinken zu lassen. Mit diesem Aufruf setzen vielerlei Reden ein (2Sam 13,28; Jes 35,4; Ps 31,25), vor allem Zusprüche vor Kriegshandlungen (Dtn 31,6f.; Jos 10,25; 2Sam 10,12), speziell im deuteronomistisch-chronistischen Bereich (Jos 1,9; 2Chr 19,11; 32,7). Besondere Beachtung verdienen die chronistischen Reden Davids an Salomo zur Vorbereitung des Tempeldienstes: 1Chr 28,10.20. Wie einst David seinen Sohn Salomo mahnte, so ermuntert jetzt Haggai alles Volk des Landes (und Serubbabel?). Beide fordern entschlossenes Handeln. Die Verbindung . . . חזק ועשׂו ist im sing. wie im plur. nicht selten (1Chr 28,10.20; Esr 10,4 u.ö.). Der zugesprochene Mut holt aus der depressiven Passivität und führt zu jener Tatkraft, die zum gebotenen Handeln erforderlich ist. Sachlich ist nichts anderes als die Fortsetzung der Tempelbauarbeiten gemeint. (Anders der Zusatz 5aα, vgl. Textanm. 5a–a.)

Haggai weiß, daß die eigenen Kräfte schnell versagen. Darum nennt er 5 einen doppelten Grund (כי am Anfang von 4b und 6a) für Entschlußfreudigkeit und Ausdauer: die Beistandszusage Jahwes (4b.5aβ.b) und die Verheißung baldiger weltweiter Taten Jahwes (6–9).

Zuerst wiederholt er Jahwes Versprechen: »Ich bin an eurer Seite«, das schon die erste Auftrittsskizze zum Abschluß notierte (1,13). Zur Deutung s.o. S. 33. Jetzt tritt er dem אין der Alten mit dem אני Jahwes entgegen, dem verzweifelten Nichts des Augenscheins mit dem Ich des gegenwärtigen Gottes.

Die in sprachlichen Varianten geläufige Beistandszusage findet eine spezielle Erläuterung in 5aβ. Sie spricht von Jahwes »Geist«, in dem sein Ich zur Wirkung kommt. Im chronistischen Geschichtswerk – aber auch schon Jes 42,1; 48,16; 59,21; Ez 11,5 – ist Jahwes »Geist« unlöslich und ausschließlich mit der prophetischen Verkündigung verbunden (vgl. 2Chr 15,1; 18,23; 20,14; 24,20; Neh 9,20.30 und WAMBeuken 57f.). רוח als menschliche Willenskraft (1,14) verfällt der Niedergeschlagenheit

(2,3); aber Jahwes »Geist« ist belebende Tatkraft, stärkende Gegenwart und ermutigende Vollmacht; s.o. S. 35f. Dieser »Geist« ist das bleibend Beständige (zu עמד vgl. Ex 9,28; 2Kön 6,31; Ps 33,11), das durch Propheten inmitten der Gemeinde wirkt wie gegenwärtig durch den Propheten Haggai, der die Verzagten ermutigt; vgl. das Wort an Serubbabel in Sach 4,6. Der Klage des Volkes (entsprechend V. 3) kann so der klassische Heilszuruf »Fürchtet euch nicht!« (Klgl 3,57) folgen, der oft wie hier mit der Beistandszusage verbunden ist (z.B. Jes 41,10; 43,1f.). Der späte Nachtrag 5aα (s. Textanm. 2,5a–a) erläutert die Geistes- und Beistandszusage mit dem (Gesetzes-?)Wort des Bundes beim Auszug aus Ägypten (vgl. Jer 31,31f.).

6f.   Ist Jahwes bleibender Beistand erster Grund der Ermutigung, so wird sie durch eine Kette von Verheißungen noch erheblich verstärkt. Die erste ist durch die einleitende (6aα) und die abschließende (7bβ) Botenformel eindeutig abgegrenzt. Der Botenspruch selbst ist von der Ich-Rede Jahwes beherrscht (6b.7aα.bα). Nur ein Folgesatz (7aβ) ist in die Selbstankündigung des Handelns Jahwes eingeschaltet. Eben dieser aber hebt die Verbundenheit des Spruches mit dem Hauptthema des Auftritts hervor: dem Weg aus der bisherigen Erbärmlichkeit zur künftigen Herrlichkeit des Tempelgebäudes (vgl. 7bα mit 3 und 9a).

6   Die Verheißung begründet eine Naherwartung. Naherwartung ist zwar in der Prophetie fast die Regel, doch hier wird die Baldigkeit der Erfüllung in einer unüblichen viergliedrigen Formel kräftig betont; s. Textanm. 6a–a und BK XIV/1, 18. Die Kürze der Wartezeit mindert den Mißmut (3), steigert die Ermutigung (4a) und kräftigt Jahwes Beistandszusage (4b.5b).

    Was soll in Bälde geschehen? Der Kummer um den Tempelbau wird von einem kosmopolitischen Umsturz aufgehoben. Jahwe selbst kündigt sein entsprechendes Werk an. Mit רעש hi. berichtet er sein unmittelbar bevorstehendes Eingreifen. רעש meint vor allem »Erdbeben« (1Kön 19,11f.; Am 1,1; Sach 14,5 – Ri 5,4; Jes 13,13; Ps 18,8). רעש k. wird aber nicht nur von der Erde, sondern alsbald auch von den Himmeln ausgesagt (Joel 2,10; 4,16; vgl. Ri 5,4; Ps 68,9), wie es primär in Theophanieschilderungen geschieht: »Vor Jahwe« erbeben Himmel und Erde. Zur Erinnerung an Themen des Heiligen Krieges s.u. S. 81. Mit dem Himmelsbeben ist konkret an Donner und Blitze, an Sturm und Wolkenbrüche gedacht, wie Ps 77,17–19 neben Erdbeben und Springfluten zeigt. In Ez 38,20 wird »vor Jahwe« auch das Meer mit seinen Tieren (neben den Tieren des Himmels und der Erde) in das »große Beben des Landes Israel« (19b) einbezogen. Bei Haggai tritt einmalig »Meer und Festland« neben »Himmel und Erde«. Dabei ist das Beben nicht mehr Folge des Kommens Jahwes, sondern Jahwe ist jetzt Subjekt der kosmischen Erschütterungen (רעש hi. 6b.7a). Jahwe bewirkt das Weltbeben, d.h. er »erschüt-

tert« den Kosmos. רעש hi. kommt selten vor und hat dann fast immer die 7
geschichtlichen Größen und nicht die natürlichen zum Objekt, also »die
Völker« (7aα wie Ez 31,16), »die Königreiche« (Jes 14,16) oder »das (be-
siegte) Land Israel« (Ps 60,4). Haggai sagt, daß Jahwe »alle Völker«
ebenso wie die kosmischen Bereiche erschüttert. Natur und Geschichte,
politische Welt und natürliche Umwelt sind vor Israels Gott nicht zu trennen. Er erschüttert das eine mit dem anderen.

Doch die von Haggai angesagte Erschütterung durch Jahwe ist überra-
schenderweise nicht als Störung oder gar als Zerstörung zu verstehen,
sondern als ein Umsturz, der zum Heil führt, zu einer Neuordnung, die
viele Sorgen um den Tempelbau beseitigt. Erstaunlich ist, wie weltumfas-
send der Umsturz und wie partikular sein Ziel ist. Tumultuarische Feld-
züge der Weltvölker werden zu Wallfahrten nach Jerusalem. Der von Jahwe angestiftete und durchgeführte Aufruhr aller Völker soll zu einer Ver-
lagerung der »Kostbarkeiten aller Völker« führen; s. Textanm. 7a. Woran
bei diesen »Schätzen« zu denken ist, zeigen neben dem folgenden Vers
(Silber und Gold) sachlich benachbarte Texte wie Jes 60,13 (kostbare
Hölzer, die vom Libanon herkommen und das Jerusalemer Heiligtum
zieren sollen), Nah 2,10 (Silber und Gold in Gestalt kostbarer Geräte und
Gefäße: כְּלִי חֶמְדָּה; vgl. Hos 13,15). Bei den von Nebukadnezzar nach Babel entführten »kostbaren Geräten« ist an die des Tempels gedacht (2Chr
36,10; vgl. auch Esr 7,15f.). Aus dem Besitz Hiskijas werden 2Chr 32,27 als
Schätze neben Gold und Silber kostbare Steine und Spezereien genannt.
Das Ziel, zu dem solche Kostbarkeiten aus allen Völkern kommen sollen,
ist nach Haggai allein der Jerusalemer Tempel. Jahwe selbst ist es, der
dieses Haus mit solcher »Pracht erfüllt«. כבוד bezeichnet hier wie in 2,3
(s.o. S. 57) die Großartigkeit und Schönheit, die mit der Ankunft jener
Völkerprozessionen alles Grämen und Sorgen aufhebt, das bisher noch
herrschte; vgl. Jes 66,12 (כְּבוֹד גּוֹיִם).

In Haggais Tagen fehlt es nicht an deutlichen Vorstellungen, wenn von
Umwälzungen in der Völkerwelt und kostbaren Gaben für das Jerusale-
mer Heiligtum die Rede ist. Nach dem Willen der Perserkönige Cyrus
und Darius I. sollen die Kosten für den Wiederaufbau des Jerusalemer
Tempels aus dem königlichen Schatz erstattet werden (Esr 6,4.7f.). Nach
Behistun § 14 war es der Wille des Darius, in Erneuerung der Politik des
Cyrus, »die Heiligtümer wieder zu errichten, die Gaumâta, der Magier,
zerstört hatte; ich gab dem Volk zurück die Gehöfte, das Vieh und das Ge-
sinde, die Gaumâta ihnen geraubt hatte.« Auch vermitteln die Texte des
Darius eine Anschauung von dem, was in Haggais Tagen als Weltrevolte
zu bezeichnen ist (s.o. Exkurs S. 54ff.). Aber bei Haggai werden nicht Jerusalem, nicht der Statthalter von Juda Serubbabel als Aufrührer aufgebo-
ten (vgl. die Sicht von EJBickerman 24 und o. S. 55), sondern Jahwe, der
Gott Israels selbst, kündigt den großen Umsturz an. Er selbst will den

Tempel in wunderbarer Weise mit »Herrlichkeit« füllen, über alles das hinaus, was die Bauleute noch schmerzlich vermissen. Dabei spielt es keine Rolle, ob die Meldungen von den revolutionären Unruhen im Perserreich ein oder zwei Jahre zurückliegen. Was Haggai ansagt, will nicht die Reihe der aufsässigen Lügenkönige verlängern. Das Ziel des Darius, ein befristetes Weltreich zu stabilisieren, ist ein anderes als das, den Tempelbau großartig zu vollenden. Haggais Ziel ist es, sein Volk auch dadurch zu ermutigen, daß er den Bauleuten das Handeln seines Gottes vor Augen stellt und sie auf sein Verheißungswort achten läßt. Mit der Nähe von Jahwes allumfassender Macht und mit seinem umgestaltenden Willen zu rechnen ist das wahrhaft Vernünftige und auch das eigentlich Ermutigende.

8   Jahwes Verfügungsgewalt über alle Schätze der Welt wird in kürzester Deklaration begründet und eingeprägt. »Silber und Gold« bilden den Inbegriff aller materiellen Werte (Hos 2,10; Ez 7,19; Spr 22,1; Koh 2,8). Das wiederholte לי am Kopf der beiden knappen Nominalsätze trägt den Ton der Aussage; s. Textanm. 2,8a und vgl. Ps 24,1. Dieser »Satz von herausfordernder Schärfe« ruft über den Völkern »das alleinige Besitzrecht« Jahwes aus (GvRad 446 = 222). Zugleich stärkt er die Zuversicht der Verdrossenen. Man muß dabei festhalten, daß sich hier nicht eine Profitgier Israels, nicht ein jüdischer Egoismus ausspricht, sondern der überlegene Anspruch Jahwes, der sich seinem verarmten Volk in seiner Not zuwendet. Er wirkt nicht nur im Raum der Spiritualität und der Eschatologie, sondern erweist sich auch als Herr aller irdischen Besitztümer und diesseitigen Werte. Das soll sein Volk gerade auch in aller Armseligkeit und Kümmerlichkeit (V. 3!) wohl bedenken. Das Wort prägt sich als ein Lehrsatz des Glaubens ein.

9a   So lernt Israel auch das Hoffen. Denn Jahwe als Eigentümer aller Werte hat die Macht, die gegenwärtigen Verhältnisse völlig zu ändern. Man hat darum nicht nur die Pracht des salomonischen Tempels mit der jetzigen Trümmerstätte zu vergleichen, sondern mit dem, was Jahwe in der Zukunft ausrichten wird. Haggai nimmt den Vergleich Deuterojesajas zwischen dem Früheren (Ersten) und dem Künftigen (Letzten) auf, jedoch nicht, um auf die Entsprechungen hinzuweisen (41,4.21f.; 42,9; 44,6; 48,12), sondern auf die erstaunlichen Veränderungen, auf das Neue, mit dem das Künftige alles Frühere verwandelt (vgl. Jes 43,18f.!). So wird Jahwes Beherrschung der Völker und ihrer Kostbarkeiten dem Tempelbau zu einer bisher unbekannten Schönheit und zu prachtvollem Aussehen verhelfen. Der Prophet scheut sich nicht, zunächst nur von der äußeren Herrlichkeit zu sprechen (zu כבוד s.o. S. 57), stehen ihm doch die handfesten Schwierigkeiten vor Augen, die die Gemüter bedrücken (vgl. V. 3!). Die Verheißung des Propheten überspielt die gegenwärtigen Nöte nicht, sondern tritt ihnen mit Genauigkeit entgegen.

Der zweite Tempel. Tatsächlich wurde der zweite Tempel, der im Frühjahr **Exkurs**
515 eingeweiht werden konnte (Esr 6,15), soweit es die heutige Forschung über-
schaut, kein unbedeutender Bau. Er war im ganzen größer als der Tempel Salomos; der Vorbau muß stattlicher gewesen sein als die Vorhalle des ersten Tempels; vgl. MABeek, Geschichte Israels (1957) 108 und ThABusink, Der Tempel
von Jerusalem II (1980) 902ff. (vgl. dort S. 812 die Rekonstruktion des Serubba-
bel-Tempels). Von einigen Neuerungen im Laufe der Jahrhunderte abgesehen,
hatte der Serubbabel-Tempel genau 500 Jahre Bestand. Erst Herodes der Große
ließ im 18. Jahr seiner Regierung (im Jahre 22 v.Chr.) seine Mauern niederrei-
ßen, um alsbald den großartigen Neubau zu beginnen, der mit der Gesamtanla-
ge des Heiligtums den alten Bau unvergleichlich übertraf; vgl. Jos.Ant. XV,11,1
§ 380 und bell.jud. I,21,1 § 401.

Das letzte Wort in der Reihe der Verheißungen (9b) hebt sich von den **9b**
voraufgegangenen deutlich ab. Während diese die Ausstattung (כבוד) des
Tempels zum Thema hatten, ist nun von dem die Rede, was vom Tempel
zu erwarten ist. Allerdings ist umstritten, ob »dieser Ort« Jerusalem als
Kultort meint oder den Tempel selbst. Sonst heißt der Tempel bei Haggai
entweder »Haus Jahwes« (1,2.[9.]14 בית יהוה), »dieses Haus« (2,3.7.9a
הבית הזה), »das Haus« (1,8 הבית) oder »Tempel Jahwes« (2,15.18
היכל יהוה). מקום hingegen bezeichnet in vergleichbaren Zusammenhän-
gen meist den von Jahwe erwählten Kultort Jerusalem (Dtn 12,5; 2Kön
22,16–20; Jer 7,3.7.20 u.ö.). Jedoch wird המקום הזה an prominenten Stellen auch mit הבית הזה gleichgesetzt (1Kön 8,29f. und 2Chr 6,20f.38.40;
7,12), meint also auch präzis den Tempel. Eben diese Deutung drängt
sich bei Haggai vom vorangehenden Kontext her unbedingt auf. Man
wird also 9b nicht mit WAMBeuken 60–62 Haggai absprechen und als sekundäre (chronistische) Zutat ansehen müssen, die erst im Laufe des
Überlieferungsprozesses nachgetragen worden wäre. Der Standort der
herrlichen Gegenwart Jahwes (1,8b) ist als Stätte seiner Segensspendung
(vgl. 2,15b.19b) hier der Ort, von dem Jahwes שלום ausgeht.

Im Rahmen von Haggais Verkündigung wird mit שלום in erster Linie
»Fruchtbarkeit« des Landes und damit das Ende des Fluches der Hun-
gersnot, der vergeblichen Arbeit, also gedeihliches Leben, erfolgreiches
Schaffen und Wohlbehagen angesagt (vgl. 1,6.9–11; 2,16.19). Im weiteren
Zusammenhang ist auch an »Frieden« (im Gegensatz zum Krieg) zu den-
ken, und zwar im weltweiten Umfang; statt des Schwertes bringen die
Völker »Schätze« (vgl. V. 7a mit V. 22, wo auf das Ende aller Kriege und
Kriegswaffen hingewiesen wird). So meint שלום hier das volle Heil als Ab-
wesenheit von Hunger und Schwert, von allen Entbehrungen und allen
Feindseligkeiten.

Diesen heilvollen Frieden kündigt der Gott Israels als seine Gabe an
(אתן), die er vom vollendeten Neubau des Tempels her stiftet; zu אתן שלום
vgl. Lev 26,6; Ez 34,25f.; Jer 14,13. Das Heiligtum ist also nicht in erster Linie ein Ort, von dem Forderungen ausgehen und in den Opfer einzubrin-

gen sind. Vielmehr ist es die Stätte, an der Jahwe die Voraussetzungen für erfolgreiche Arbeit und weltweite Verbundenheit schenkt.

Ziel   Alle Sprüche dieses Auftritts verfolgen ein Ziel: die Unlust zur Arbeit an Jahwes Haus zu überwinden. Sie hatte viele ergriffen, kaum daß ein Monat nach Beginn des Tempelaufbaus vergangen war. Der Prophet leidet mit seinem Volk unter der Winzigkeit erster Fortschritte. Doch er zeigt einen genauen Weg vom »Nichts« zur »Herrlichkeit« (3–9). Der Aufruf zu ausdauerndem Schaffen (4a) wird begründet und verstärkt durch die Zusage von Jahwes gegenwärtigem Beistand (4b.5aβ.b) und dann durch Verheißungen seines künftigen Wirkens (6–9). So gewinnt »die Szene mit dem Wort von der Unansehnlichkeit des göttlichen Anfangs, das nichts verschleiert, prophetische Größe« (vRad, TheolAT II, 292). Inmitten der Kärglichkeit der Verhältnisse bahnt sich ein Neues an. Es zeigt sich eine wichtige Entsprechung zwischen dem Ansporn der Mahnworte und dem göttlichen Zuspruch, zwischen willigem Wirken und eschatologischem Ereignis. Jahwes Gegenwart und Zukunft verursacht und bedingt Eifer und Kraft zum Schaffen und Durchhalten am Heiligtum. Wer immer in alltäglicher Mitarbeit an Gottes Werk auf Erden verzagt an der Nichtigkeit seines Tuns, der mag im dritten Auftritt Haggais ein Paradigma finden, in dem Entmutigung überwunden ist. Er übt sich, »den Tag der geringen Dinge« nicht zu verachten (Sach 4,10).

Das klägliche Ruinenfeld wird prophetisch ins Licht weltweiter Geschehnisse gerückt (vgl. 3 mit 6–9). Der kleine, alltägliche Akt der Mitarbeit (z.B. »Holz holen« 1,8a) und eine neugewonnene Willigkeit und Tatkraft (4.5aβ.b) gewinnen Anteil an universalen Geschehnissen (6–9). Der eng umgrenzte Schutthaufen des Jerusalemer Heiligtums am Rande des persischen Weltreichs wird plötzlich Ziel und Mittelpunkt von Gottes Lenkung aller Völker (6f.). Die Völker werden – unerwartet – zu Helfern bei der Ausstattung des Tempels.

Ein Vergleich der Weltrevolution Jahwes nach Haggai (6f.) mit den in den Behistun-Inschriften Darius' I. bezeugten Kämpfen zeigt zunächst zweierlei. Zum ersten: Die Vorstellung eines Weltreichs und seiner Erschütterung wird in der Umwelt des Alten Testaments nie so deutlich und ausführlich wie hier bezeugt. Haggai weiß, was er sagt, wenn er von der »Erschütterung aller Völker« spricht (s.o. S. 55). Und dann: Auch Darius läßt (wie Cyrus) seine Siege den Heiligtümern der unterworfenen Völker zugute kommen. Es ist nicht bloße Utopie, wenn Haggai »Schätze aller Völker« nach Jerusalem kommen sieht (s.o. S. 61).

Doch bei näherem Zusehen fallen Unterschiede ins Auge. Jahwe, der Gott Israels, allein führt die Erschütterung aller Völker herbei. Zwar bekennt Darius im Bericht seiner Unterwerfung der einzelnen Rebellen regelmäßig: »Ahuramazda stand mir bei« (Behistun §§ 13.18.19 u.ö.; vgl.

Haggais Bekenntnis zum Beistand Jahwes in 2,4b.5b). Doch bei Haggai ist Jahwe selbst der Umstürzler aller Völker (2,7). Bei Darius werden die einzelnen Völker von ihren aufsässigen Anführern befreit und dem Großreich eingefügt, bei Haggai wird die Provinzstadt Jerusalem und ihr Heiligtum das Ziel von Jahwes Völkerrevolte. Alle Welt soll ihre Schätze herzubringen zur Ehre Jahwes, der der Gott geschlagener Leute ist. Ahuramazdas Verehrer sind siegreiche Heerführer und Verwalter eines Weltreichs. Jahwes menschliche Vertreter sind nach Haggai ein einzelner Prophet und der verzagte Überrest eines nach wie vor unterworfenen Volkes. So deutlich die lange Reihe der Gegner des Darius aus machtvollen Opponenten besteht (s.o. S. 55f.), sowenig ist zu erkennen, daß Haggai Serubbabel als den Statthalter von Juda zur Auflehnung gegen Darius anstiften wollte (anders EJBickerman 24 und u. S. 85 zu 2,20–23). In summa: Bezeugt die Behistun-Inschrift die Festigung und Befriedung des persischen Großreichs unter Darius und die Niederwerfung aller Revolten gegen ihn, so dient die prophetische Ankündigung des Umsturzes aller Völker durch Jahwe allein der Aufrichtung von entmutigten Bauleuten an seinem Heiligtum.

So wird Gottes Volk auf den Weg der Hoffnung gebracht. Basis ist das prophetische Wort zu den kümmerlichen Anfängen des Tempelwiederaufbaus. Die bei der Wiederherstellung von Salomos Bau ermatten, dürfen erwarten, daß der künftige Tempel schöner wird als der erste (9a). Die materiellen Sorgen um die Ausstattung des Hauses Jahwes sind durchaus ernst genommen (s.o. S. 61f. zu כבוד). Unerwartetes trägt zu seiner »Herrlichkeit« bei (6–8). Entscheidend ist am Ende, daß an dieser Stätte Jahwe Heil, Frieden und Glück in vollem Umfang stiftet (9b). Diese Aussicht richtet die Niedergeschlagenen auf.

Die Steigerung der Hoffnungsgüter will bedacht sein. Das Größere (9a!) gewinnt staunenswerte Gestalt. Die Vulgata ist im Licht der überraschenden messianischen Erfüllung zu der (philologisch falschen, s.o. Textanm. 7a) Übersetzung gekommen: et veniet Desideratus cunctis gentibus. Der »Schatz aller Völker« ist »der ersehnte« Messias, der »kommen wird«. Er ist »der Kostbare«. Über die patristische und mittelalterliche Schriftauslegung ist Haggais Wort in das Liedgut der wartenden Gemeinde eingegangen. (»Nun komm, der Heiden Heiland«; »Wo bleibst du, Trost der ganzen Welt, darauf sie all ihr Hoffnung stellt?«; »Wie soll ich dich empfangen, . . . o aller Welt Verlangen«.) Vgl. GKrause, Studien zu Luthers Auslegung der kleinen Propheten: BHTh 33, 1962, 323f.; Ders., Aller Heiden Trost, 1957.

Der Glaube staunt über die Verwandlung der Verheißung in der Erfüllung. Der Glaube entdeckt Jesus: »Hier ist mehr als Salomo!« (Mt 12,42). Der Glaube entdeckt mit dem Johannes-Evangelium »den Tempel seines Leibes«, abgebrochen und in drei Tagen aufgerichtet (Joh 2,19–22).

(Zum Thema der Veränderlichkeit Gottes und der Wandelbarkeit seines Wortes s. JJeremias, Die Reue Gottes: BSt 65, 1975; vgl. Sach 8,6; Ps 77,11.) Über den Erschütterungen, die Israel, der Kosmos und die Völker erfuhren und erfahren, führt er, »der Ersehnte«, »das unerschütterliche Reich« herauf, in dem Menschen dankbar und dienstbereit werden (mit Hag 2,6f.9 vgl. Ex 19,18; Ps 68,8f.; 77,17–21; 114,7f.; Mt 24,29; 27,51f.; Hebr 12,26–28). Denn er vollendet Gottes Schenkung von Heil, Frieden und Glück. Dieses Versprechen macht Mut, auf dem irdischen Trümmerfeld seiner Gemeinde am Neubau mitzuarbeiten, auf dem Weg vom »Nichts« zur »Herrlichkeit«.

Vierter Auftritt:

Unreinheit steckt an

(2,10–14)

ESellin, Studien zur Entstehungsgeschichte der jüdischen Gemeinde II Literatur (1901). – JWRothstein, Juden und Samaritaner: BWAT 3 (1908) 5–41. – OLeuze, Die Satrapieneinteilung in Syrien und im Zweistromland von 520–320: SKG.G 11/4 (1935). – JBegrich, Die priesterliche Tora: BZAW 66 (1936) 63–88 = Ders., GesStud: TB 21 (1964) 232–260. – ACody, When is the Chosen People called a *gôy*?: VT 14 (1964) 1–7. – WAMBeuken, Haggai – Sacharja 1–8 (1967) 214–216. – KKoch, Haggais unreines Volk: ZAW 79 (1967) 52–66. – GFohrer, Die symbolischen Handlungen der Propheten: AThANT 25 (1953. ²1968). – TNTownsend, Additional Comments on Haggai II 10–19: VT 18 (1968) 559–560. – GJBotterweck, גוֹי: ThWAT I (1973) 965–971. – ARHulst, עַם/גוֹי – Volk: THAT II (1976) 290–325. – EMMeyers, The Use of *tôrâ* in Haggai 2:11 and the Role of the Prophet in the Restoration Community: Festschr DNFreedman, The Word of the Lord Shall Go Forth (ed. CLMeyers – MO'Connor, 1983) 69–76 (ASOR, Special Volume Series 1). – CWestermann, Vergleiche und Gleichnisse im Alten und Neuen Testament: CThM 14 (1984) 75.

[10]Am vierundzwanzigsten (Tage) des neunten (Monats), im zweiten Text Jahr des Darius, erging das Wort Jahwes an den Propheten Haggai also: [11]So hat Jahwe der Heerscharen gesprochen: Bitte doch die Priester um Weisung also: [12]Wenn[a] jemand heiliges (Opfer-)Fleisch im Bausche seines Gewandes trägt und er berührt mit seinem Bausch Brot[b] oder Brei[b] oder Wein[b] oder Öl oder irgend etwas Eßbares, wird es dann heilig? Die Priester antworteten und sprachen: Nein. [13]Dann sagte Haggai: Wenn nun einer, der durch eine Leiche unrein wurde, dies alles berührt, wird es dann unrein? Die Priester antworteten und sprachen: Es wird unrein. [14]Da hob Haggai an und sprach:
>So ist es mit diesem Volk,
>>so ist es mit diesen Leuten
>>>in meinen Augen – Spruch Jahwes –,
>>so ist alles Tun ihrer Hände
>>>und was sie dort darbringen:
>>>>Unrein ist es.

[a][Wegen ihrer morgendlichen Gewinne (?).
Sie werden Schmerzen leiden wegen ihrer ›Bosheiten‹[b].
Und ihr [c]»haßt in den Toren die, die zurechtweisen«[c].][a]

12a וֵן ist ein parallel zu אִם häufig belegter Aramaismus, am häufigsten bei Hi, 12 Koh und Est. – **b** S.o. Textanm. 2,8b. – **14a–a** M bringt diese Zusätze von G 14 nicht: ἕνεκεν τῶν λημμάτων αὐτῶν τῶν ὀρθρινῶν, ὀδυνηθήσονται ἀπὸ προσώπου πόνων[b] αὐτῶν · καὶ ἐμισεῖτε ἐν πύλαις ἐλέγχοντας. – **b** Πόνων kann innergriechisch aus πονηρίων verderbt sein. – c Der letzte Satz nimmt Am 5,10a auf. Der Personenwechsel in den drei Sätzen läßt an »sukzessive Anschübe« denken (WRudolph; vgl. JWellhausen 176 und ESellin 464f.). Im ganzen nimmt *G* hier die Kultkritik der klassischen Prophetie auf. S.o. Textanm. 2,17a–a. Die Abweisung »dieses Volkes« als eines unreinen wird ausdrücklich durch Aufweis von schuldhaftem Handeln begründet.

Form   Die Abgrenzung des vierten Auftritts ist nicht so eindeutig wie die des ersten (1,1–14) und des dritten (1,15b–2,9). Wohl ist der Anfang mit der chronistischen Datierung in 2,10 und nach dem Abschluß der voraufgehenden Verheißungen in 2,9 unbestritten. Doch ist im heutigen Text 2,14 als Szenenschluß ebenso problematisch wie der Beginn des zweiten Auftritts in 2,15aα bzw. 1,15a (s.o. S. 40f.). In 2,15–19 ist weder eine stilistische noch eine thematische Verknüpfung mit 2,10–14 zu erkennen. Hingegen ist ועתה in 2,15a als sekundärer Anschluß verständlich zu machen (s.o. Textanm. 2,15a). In jedem Falle ist die innere und äußere Geschlossenheit von 2,10–14 unbestreitbar. Vgl. ferner u. S. 69.

Die chronistische Einführung zum neuen Wortereignis (2,10) hebt sich nur wenig von den entsprechenden Stücken in 1,1.3.15a.15b–2,2 ab. Die Datierung zeigt im Unterschied zu 1,1 und 1,15b–2,1 die Folge Tag – Monat – Jahr (s.o. S. 19), und Darius wird nicht (wie in 1,1 und 1,15b) ausdrücklich »der König« genannt. Im wesentlichen finden wir die Sprache des Haggai-Chronisten wieder, der die Wortereignisformel (היה דבר־יהוה אל־ wie 1,1.3; 2,1) benutzt und regelmäßig Haggai »den Propheten« nennt (wie 1,1.3; 2,1 [s.o. Textanm. 2,1a] im Unterschied zu 1,13; 2,13.14). Daß Haggai bei der Wortereignisformel nicht mit ביד wie in 1,1.3; 2,1 (s. Textanm. 2,1a), sondern mit אל eingeführt wird, ist sachlich begründet. Denn Haggai ist im unmittelbar folgenden Text nicht Wortvermittler, sondern ausschließlich Wortempfänger. Doch stößt die Wortereignisformel 10b ganz unpassend auf eine Botenformel in 11a. Das wird verständlich, wenn der Haggai-Chronist von 11 ab wieder die ältere Auftrittsskizze aufnimmt (vgl. auch 1,1b–2a und o. S. 16f.). Die Sprache der Auftrittsskizze zeigt sich am Fehlen von הנביא (10; s.o. S. 19) bei der Erwähnung von Haggais Namen in 2,13 und 14 (vgl. 1,13).

Die Form des Berichts in 11–14 entspricht in zweifacher Gestalt (11–12 und 13–14) der der prophetischen Zeichenhandlungsberichte (vgl. FHorst; GFohrer; SAmsler). Vor allem bei Jeremia beginnen sie häufig mit der Botenformel (vgl. 11a mit Jer 13,1; 19,1; 27,2; vgl. Hos 1,2.4.6.9; 3,1; Jes 8,1; 20,2). Ihr folgt zunächst (1.) der Befehl zu einer bestimmten Handlung (vgl. 11b–12a), sodann (2.) der Bericht über ihre Durchführung (vgl. 12b–13) und schließlich (3.) die Deutung des Vorgangs (vgl. 14). Wie es in den Berichten symbolischer Handlungen häufig geschieht, so sind auch hier die ersten beiden Elemente ineinander geschoben, um Wiederholungen zu vermeiden (vgl. BK XIV/1, 9.72; GFohrer 5 u.ö.).

Zwischen 12a und 12b fehlt ein Durchführungsbericht (zu 11b–12a); vor 13 fehlt eine erneute Auftragserteilung; beide Ausfälle sind möglich, weil die Entsprechung von göttlichem Befehl und prophetischer Ausführung als selbstverständlich gilt. Am meisten entbehrt man eine nach der ersten Tora-Einholung (11–12) folgende Deutung, wie sie nach der zweiten in 14 gegeben wird. Stärker konnte die zweite Deutung nicht betont werden; es ist, als beschlösse sie auch die erste in sich (s.u. S. 73f.). Mit dreifachem כן führt sie den Vergleich durch. Wie die Anordnung der doppelten Priester-befragung mit der Botenformel (11a) dem prophetischen Auftrag entspricht, so ist die in 14 abschließende Deutung als prophetischer Gottes-spruch (נאם־יהוה) verkündet. Innerhalb dieses prophetischen Rahmens findet das doppelte priesterliche Lehrgespräch (12–13) statt, das – anstel-le einer Symbolhandlung – die Basis für das prophetische Urteil bildet. Mit der Deutung wird zugleich ein prophetisches Urteil gefällt. So ist die vom Haggai-Chronisten in 10 eingeleitete Auftrittsskizze in 11–14 in voll-endeter Rundung dargeboten.

Es ist nicht zu erkennen, daß die in 2,15–19 folgenden Sätze an den glei- Ort chen literarischen Ort gehören. Denn weder zeigt sich eine Identität der in 14 (in 3.pers.sg.) Beurteilten mit den in 15ff. (in 2.pl.) Angesprochenen, noch spielt das Thema der Unreinheit in der Fortsetzung eine Rolle, noch kann der Beginn der Arbeit an den Fundamenten (15–19) in den Zusam-menhang der priesterlichen Unterweisung (11–13) gebracht werden. Verständlich wird 2,10–14 nur, wenn es zu einem ganz anderen Zeit-punkt spielt als 2,15–19. Nach den Untersuchungen zu 1,15a und 2,15ff. (s.o. S. 41f.) liegen zwei bis vier Monate zwischen den ersten drei Auftritten Haggais und diesem vierten. Nach 2,10 ist nun schon die Mitte des De-zember überschritten (am 18. Dezember 520, nicht, wie EJBickerman will, am 30. Dezember 521, s.o. S. 54ff.). Die Frage sollte sich aufdrängen, welches neue Thema Haggai und seine Hörer beschäftigt, zumal die Form der vierten Auftrittsskizze eine völlig andere geworden ist. Wenn der Berichterstatter beim ersten Auftritt nach den ersten Prophetenwor-ten auch deren Wirkung schilderte (1,12b–13, s.o. S. 17f.), so bringt er hier die besondere Vorbereitung des Propheten zur Sprache, nämlich die Be-fragung der Priester, die zum prophetischen Urteil hinführt.

Über die Ortsbestimmung »dort« (14b) wird man erst dann etwas sa-gen können, wenn geklärt ist, wer »dieses Volk« und »diese Nation« sind (14; s.u. S. 73). Zunächst wird man vom Gespräch mit den Priestern her den Ort des Geschehens im weiteren Tempelbereich suchen, vielleicht in der Nähe des provisorischen Brandopferaltars (vgl. Esr 3,2–6).

Das Datum des 24. IX. (= 18. Dezember 520) scheint noch weniger als Wort die Termine der ersten drei Auftritte schon vom Kultkalender her für ein 10 prophetisches Auftreten gleichsam vorbestimmt zu sein (doch vgl. o. S. 56). Das neue Wortereignis bestimmt das neue Datum. Allerdings wird sich zeigen, daß das prophetische Wort diesmal sehr wahrscheinlich provoziert ist durch eine von außen her notwendig gewordene Entscheidung, wie sie später ihren Niederschlag in Esr 4,1–5 gefunden hat. Jedenfalls sind die folgenden Verse 11–14 bestimmt vom Prozeß einer Urteilsfindung.

11   Das gilt von der durch Jahwe verordneten Zurüstung des Propheten. Er muß die Priester um Entscheidungen bitten. Der priesterliche Bescheid heißt תורה. Damit ist hier eine Redeform gemeint, die für den Priester ebenso charakteristisch ist wie der »Rat« (עֵצָה) für den Weisheitslehrer und das »(Offenbarungs-)Wort« (דָּבָר bzw. חָזוֹן) für den Propheten (Jer 18,18; Ez 7,26; Mi 3,11). Der Priester ist für Rituelles zuständig und hat dazu vor allem zwischen »heilig« und »profan«, zwischen »rein« und »unrein« zu unterscheiden (Ez 44,23); mündlich legt er (schriftliche) Satzungen aus (Lev 10,10f.). Solche Unterweisung wird von Laien gesucht, erfragt, eingeholt (Mal 2,7; Sach 7,2–4; Dtn 17,9.11; hier שׁאל). Die Einholung der Tora vollzieht sich in der Form des Gesprächs: Zuerst wird dem Priester der fragliche Kasus vorgetragen; der Vortrag gipfelt in einer Frage, die sodann vom Priester beantwortet wird. Wie die Laienfrage nur zwischen zwei Möglichkeiten die Wahl läßt, so bietet der priesterliche Bescheid nur ein Ja oder Nein.

12   Der erste Fall (zu הֵן als Konditionalpartikel s. Textanm. 12a) setzt voraus, daß jemand von einer Opfer-Mahlzeit einen Rest des Fleisches nach Hause trägt (vgl. Jer 11,15; Lev 7,19). (Schon vor der Wiederherstellung des Tempels waren offenbar Opfermahlzeiten am provisorisch errichteten Altar möglich; vgl. Esr 3,1–6.) Als Tragtasche dient der geraffte Gewandzipfel. Er erlaubt nur einen indirekten Kontakt mit anderen Nahrungsmitteln.

Als solche werden vor dem Sammelbegriff »Eßbares« (מאכל) Brot, Wein, Öl und »Gekochtes« genannt. נזיד, von der Wurzel זיד/זוד (»heiß sein«) gebildet, meint eine Mahlzeit, die im Kochtopf (סִיר הַנָּזִיד 2Kön 4,39) zubereitet wird, wie das Linsengericht Jakobs (Gen 25,29.34). Der Prophet soll fragen, ob diese profanen Genußmittel durch die Berührung »mit dem Gewandbausch« (בכנף wird wiederholt!), also durch eine nur mittelbare Berührung mit dem Rest des heiligen Opferfleischs, heilig werden (vgl. Lev 6,18–20). Die Antwort lautet »Nein«; die indirekte Berührung mit dem Heiligen macht das Profane nicht heilig. (Zur Deutung s.u. S. 73f.)

13   Der zweite Fall, den der Prophet den Priestern vorträgt (13), ist außerordentlich dicht formuliert. Die Wendung טְמֵא־נֶפֶשׁ setzt die ungewöhnliche, aber in der Kultgesetzgebung bekannte Bedeutung »Leiche« für נֶפֶשׁ voraus (Num 5,2; 6,11; 19,11.13), die verkürzend für נֶפֶשׁ מֵת (Lev 21,11;

Num 6,6) eintreten kann. Die Wortverbindung טְמֵא־נֶפֶשׁ, die auch in Lev 22,4 vorkommt, verkürzt abermals die verständlichere טָמֵא לָנֶפֶשׁ (Num 5,2; 9,10), in der die praep. לְ den Grund der Unreinheit anführt (vgl. Gen 38,24 הָרָה לִזְנוּנִים »durch Hurerei schwanger« und BrSynt § 107h). Dementsprechend bezeichnet טְמֵא־נֶפֶשׁ den »durch eine Leiche Unreinen«. Die Frage ist, ob dieser Unreine die Unreinheit einer Leiche bei Berührung mit den in 12 genannten Lebensmitteln weiterhin übertragen würde. Die Priester bejahen. Die Unreinheit einer Leiche, die schon den vermittelnden Menschen angesteckt hat, beweist ihre ungemein infizierende Kraft und disqualifiziert die berührten Lebensmittel für den gottesdienstlichen Gebrauch. Was mit dem Tode in Verbindung steht, hat vor Jahwe keinen Raum (vgl. HWWolff, Anthropologie 43.159). Das heißt: Es ist unrein. Das priesterliche Lehrgespräch zeigt, wie eminent wichtig es dem alten Israel war, genau zu wissen, was vor Gott rein und unrein ist und welche Kräfte der Übertragung wirksam sind (vgl. JBegrich 71 = 241). Dieser zweite Fall eines Zeugenberichts über eine Tora-Einholung bereitet unmittelbar einen letzten Schritt vor.

Mit 14 erhebt der Prophet seine Stimme. ענה bedeutet hier nicht wie in 12f. »antworten«, sondern »aussagen«, genauer: »anheben«, »bezeugen«. In losem Anschluß an den zweiten Priesterbescheid verkündet Haggai jetzt einen Jahwespruch (aα נאם־יהוה). Dieser Spruch ist also zwar durch die Priestertora vorbereitet, nicht aber autorisiert. Jahwe selbst hat seinen Propheten bevollmächtigt. Das dreifache כן der Deutung vergleicht die Ansteckungskraft unreiner Objekte mit »diesem Volk«, wobei das entscheidende tertium comparationis die Erklärung טמא הוא ist. Der Prophetenspruch geht insofern entscheidend über die priesterliche Belehrung hinaus, als diese von der kulttechnischen Wirkung der Berührung verschiedener Gegenstände im gottesdienstlichen Verkehr einzelner Laien sprach, nun aber prophetisch »dieses Volk« und »alles Tun seiner Hände« beurteilt werden.

Doch wer ist »dieses Volk«? Zwar hat es auch in neuerer Zeit nicht an Stimmen gefehlt, die an das gleiche Volk denken, das Haggai in 1,4–11; 2,3–9 und 2,15–19* anspricht (PRAckroyd; KKoch; HGMay; ASvander Woude; DLPetersen; zum Vergleich s. SAmsler 38f.). Doch sind weithin die Argumente von JWRothstein (1908) bekräftigt und erweitert worden, der hier die »Samaritaner« verurteilt sah, und zwar in einer Situation, die der von Esr 4,1–5 ähnelt und in der »die Feinde Judas und Benjamins« ihre Mitarbeit beim Tempelbau anbieten, jedoch von Serubbabel, Jeschua/Josua und dem Überrest der Familienhäupter zurückgewiesen werden.

Der Text Esr 4,1–5 wird im ganzen als historisch verläßlich angesehen. Nur wird er im Esrabuch in 4,5b zu früh angesetzt. »Der Inhalt ist historisch, nur die zeitliche Einreihung ist falsch« (OLeuze 41). Er gehört nach

V. 2f. in die Zeit des Tempelbaubeginns unter Serubbabel. Die Bemühung, »Ratgeber zu erkaufen«, um die Tempelbaupläne zu hintertreiben (4,5a), paßt zu der Inspektion des Statthalters Tattenai nach Esr 5,3ff. Denn nur er war verwaltungsrechtlich dem Statthalter von Juda vorgeordnet, nicht aber der Statthalter von Samaria; s.o. S. 22 Exkurs: Das persische Verwaltungssystem.

Bei den abgewiesenen Samaritanern handelt es sich um Angehörige der Nachbarprovinz Samaria, um eine Mischbevölkerung aus ehemals Jahwegläubigen der alten Nordreichsbevölkerung und Nachkommen von Neusiedlern, wie sie in 2Kön 17,24–34 vorgestellt werden; sie verehrten »andere Götter«, entweder ausschließlich oder doch »neben Jahwe« (2Kön 17,29.33).

Wenn Haggai solche Samaritaner meint, dann leuchtet die schroffe Abweisung der »Unreinen« ein. Dann wird auch deutlich, daß es im ganzen Auftritt um das Problem alternativer Entscheidungen geht. Schwierig ist die Deutung deshalb, weil in der Kurzfassung des Auftritts der Anlaß der Fragestellung und der Gegenstand der Entscheidung nicht näher bezeichnet sind. Dem Berichterstatter liegt nur am Prozeß der Urteilsfindung und am Ergebnis. Dabei wird verständlich, warum von »diesem Volk« und »diesen Leuten« nur in 3.pers. die Rede ist.

Wie anders geht Haggai im Frage- und Anredestil mit seiner Jerusalemer Gemeinde um (vgl. 1,4f.7f.9; 2,3.4.15.18a). Was für ein Ringen um Überwindung wird da spürbar und welche Ermutigung übt er (1,7f.; 2,4f.)! Das knappe, aber strenge und einmalige Verwerfungsurteil in 2,14 paßt weder zu den Zusagen und Verheißungen in 1,8b.13; 2,4.5b.6–9 noch zu den Worten an Serubbabel vom gleichen Tage (2,20–23).

Aber wie ist die Doppelansage הגוי הזה – העם־הזה zu verstehen? Das Demonstrativum weist hin auf die, die zur Diskussion stehen, also vermutlich auf Teile der Bevölkerung der Provinz Samaria, ob nun Haggai um sein prophetisches Urteil in Sachen Mitarbeit gebeten wurde oder ob er ungefragt Stellung bezog. Was soll das Nebeneinander הגוי – העם? Fixiert es nur in rhetorischer Doppelung feierlich dieselbe Bevölkerungsschicht? Gewiß werden beide Substantive nicht selten synonym gebraucht, wenn auch עם mehr an gemeinsame Abstammung und innere Verwandtschaft eines Volkes erinnert und גוי mehr an die Nation in politischer und territorialer Hinsicht (GJBotterweck; ARHulst). Daß für Haggai beide Worte völlig gleichen Sinn und Klang haben, ist schon deshalb unwahrscheinlich, weil er (und der Verfasser der Auftrittsskizzen) im übrigen recht konsequent עם nur für die von ihm angesprochene Gemeinde (1,2.12b.13; 2,4), גוי(ם) hingegen nur für die Fremdvölker verwendet (2,7aα.β.22). (Der Haggai-Chronist sagt שארית העם: 1,12a.14; 2,2.) Darf man daraus mit WRudolph 49f. folgern, daß Haggai bei העם־הזה an die Nachfahren der alten nordisraelitischen Bevölkerung denkt, bei הגוי הזה

dagegen an die von den Assyrern angesiedelten Fremdvölker? In 2Kön 17 ist merkwürdigerweise nie von עם die Rede, sondern nur von (גוי(ם), auch die Israeliten haben sich ihnen gleichgestellt (V. 8.11.15.26.29.33.41). Israel hat wohl auch in Haggais Tagen die Nuancen fein unterschieden, wie sie sich etwa Ex 33,12f. deutlich finden, wo Mose zu Jahwe spricht: »Bedenke doch, daß dieses Volk dein Volk ist« (עַמְּךָ הַגּוֹי הַזֶּה). Die Bitte besagt, Jahwe möge sich selbst korrigieren und diesen גוי nicht weiterhin als גוי, sondern als seinen עם behandeln. Umgekehrt kann sich Haggai hier selbst korrigieren: Dieser עם ist doch eigentlich ein (von Jahwe getrennter) גוי. So mag im pejorativen Sinn bei גוי schon das abwertende Urteil טמא anklingen.

Dieses Urteil bezieht sich auf »alle Werke ihrer Hände«, d.h. auch auf die, die als Mitarbeiter am Tempelaufbau angeboten oder gewünscht werden. Selbst von den Opfern gilt es, die sie »dort« (am vorläufigen Brandopferaltar nach Esr 3,2f., s.o. S. 69 und ThABusink 777f.) im Rahmen der Verhandlungen mit Serubbabel, Jeschua/Josua und den übrigen Sprechern der Heimkehrergemeinde darbringen. קרב hi. ist der umfassende Terminus für die Opferdarbringung, der allein in Lev 1,2 – Num 31,50 25mal vorkommt; vgl. RRendtorff, BK III, 25. G (καὶ ὃς ἐὰν ἐγγίσῃ ἐκεῖ) mißversteht 14b, als stünde קרב ḳ. statt hi. hier (»und wer sich dort nähert«).

»Vor mir« sind sie unrein, ist »Jahwes Spruch«. Mit diesem Bezug auf Volk und Leute geht das Prophetenwort über alles hinaus, was in den Kultgesetzen über Unreinheit geschrieben steht. Doch der Prophet ist von Jahwe durch das Priesterwort in diese Richtung gewiesen. Die Samaritaner, die wider das erste Gebot leben, bilden eine akute Gefahr, wenn man bei gemeinsamer Arbeit am Heiligtum in Berührung mit ihnen lebt. Sie könnten auch die Jahwetreuen zum Abfall verleiten; vgl. HJHermisson, Sprache und Ritus im altisraelitischen Kult: WMANT 19 (1965) 94f.

Die deklaratorische Formel (vgl. RRendtorff, Die Gesetze in der Priesterschrift: FRLANT 62, 1954, 74–76) טמא הוא wird zum gültigen Urteil in einer Lebensfrage der angefochtenen Gemeinde, die mit eigenen Kräften den Aufgaben des Tempelbaus kaum gerecht zu werden weiß (vgl. 2,3ff.). Außerhalb der Bücher Lev und Num findet sich diese deklaratorische Formel nur hier im Alten Testament (ohne sonst häufiges zusätzliches לָכֶם in Lev 11,4–8.26f.38; vgl. KElliger, Leviticus: HAT I/4, 150f.).

Mit dem Urteil, daß die Samaritaner unrein seien, ist die priesterliche Antwort auf die zweite Torafrage (V. 13) prophetisch gedeutet. Wie steht es aber mit der ersten Torafrage (V. 12), die nicht explizit gedeutet wird? Was bedeutet es im prophetischen Sinne für das Verhältnis zu den Samaritanern, daß das Heilige sich nicht durch indirekte Berührung übertragen läßt? Es mag besagen: Meint nicht, daß die Samaritaner durch ihre indirekten Kontakte mit der Jerusalemer Heimkehrergemeinde (bei Mit-

arbeit im Tempelgelände) »heilig« werden; gewiß aber wird die Heimkehrergemeinde durch sie »unrein«. So etwa mag die erste Tora die zweite in prophetischer Deutung vorbereiten.

Ziel   Am 18. Dezember 520, zwei Monate nach dem letzten Auftreten
Haggais (am 17. Oktober, s.o. S. 69), steht die Tempelbaugemeinde
vor einem neuen Problem. Weit über die Kreise der Heimkehrer und
frommen Altjudäer hinaus hat der vor drei Monaten (am 21. September) begonnene Wiederaufbau Aufsehen erregt. Das Interesse in der
samaritanischen Mischbevölkerung wird verschieden motiviert gewesen sein. Alteingesessene Nordisraeliten mögen die Beteiligung ehr-
lich gewünscht haben (Esr 4,2). In der samaritanischen Oberschicht
dagegen werden Argwohn und Sorge um die Vorrangstellung von Jerusalem gegenüber Samaria aufgekommen sein (Esr 5,3f.). Auf seiten
der Jerusalemer könnte angesichts der riesigen Aufgabe (2,3!) durchaus der Wunsch nach samaritanischer Unterstützung aufgekommen
sein.

In diese Lage hinein fährt das priesterlich unterbaute prophetische
Wort wie ein Blitz. Eindeutiger können die Koalitionswünsche nicht negiert werden. Die die Rettung aus dem Exil erfahren haben, sollen nun
auch auf keine andere Hilfe als auf den Beistand Jahwes allein vertrauen
(1,13; 2,4b.5b). Die Schärfe priesterlich-kultischer Scheidungen von
»rein« und »unrein« soll auch die unüberschreitbare Grenze der Bauar-
beitergemeinde markieren.

»Diese Entscheidung klingt für moderne Ohren hart; vielen wäre woh-
ler, wenn der Prophet im entgegengesetzten Sinne entschieden hätte.
Aber es sollte doch nicht schwer sein, zu sehen, daß Haggai nur dem ersten und zweiten Gebot des Dekalogs treu blieb und auf einer Scheidung
bestanden hat, wie sie zu ihrer Zeit auch Elia oder das Deuteronomium
erkämpft haben. Der Jahweglaube war eben keine Religion, der man sich
nach Belieben anschließen konnte, womöglich noch unter Beibehaltung
anderer kultischer Bindungen, sondern er führte sich auf einen göttlichen
Auswahlakt zurück und blieb an eine ganz bestimmte völkische Größe ge-
bunden. So wird man vielmehr gerade darin die Bedeutung Haggais zu
sehen haben, daß er in einer Zeit, in der diese Abgrenzung nach außen,
um die sich ehedem die besten Kräfte in Israel gemüht hatten, unsicher
geworden war, einem Elia vergleichbar eben an jenem Punkte ein Entwe-
der-Oder sah, wo es andere nicht mehr sahen. Wieder muß man sagen:
Hätte er anders entschieden, dann hätte er den ganzen Kampf Jesajas gegen die Bündnispolitik, in dem dieser Prophet das Verhältnis Jahwes zum
Zion aus allen politischen Praktiken und ihren Maßstäben ausgeklam-
mert wissen wollte, revoziert. Weder bei Jesaja noch bei Haggai ging es
um eine geistig-religiöse Entscheidung, sondern vielmehr um die Freihal-

tung eines ganz bestimmten geschichtlichen Ortes für das Heilshandeln Jahwes« (vRad, TheolAT II, 293f.).

Das Volk Jesu Christi, das sich »zum geistlichen Hause aufbaut«, wird sich von Haggai fragen lassen müssen, ob und wo es auf Grenzen der Mitarbeit zu achten hat, auf die Freihaltung eines Raumes für das Heilshandeln ihres Gottes. Vgl. 1Petr 2,1–10.

Die prophetische Grenzbestimmung, zu der Haggai hinsichtlich der Mitarbeiterschaft des Tempelaufbaus geführt worden ist, hat auch Folgen im Aufbau und in der Redaktion des Haggaibuches gezeitigt. Jedenfalls vermag ich gewisse Spannungen in der Überlieferung der ersten drei Auftritte (1,1 – 2,9.15–19) nur von der Entscheidung her zu verstehen, die im vierten Auftritt gefallen ist. Das besondere Interesse des Haggai-Chronisten im Unterschied zu den ersten Auftrittsskizzen wird von dem in 2,(11–)14 getroffenen Entscheid her verständlich.

1. Haggai und der Verfasser der Auftrittsskizzen hatten von der durch Haggai angesprochenen Baugemeinde allgemein als dem »Volk« (העם) gesprochen (1,12b.13; vgl. 1,2); in 2,4b heißt es sogar כל־עם הארץ (s.o. S. 53). Der Haggai-Chronist präzisiert diesen Adressaten, indem er immer nur von der שארית העם unter Serubbabel und Josua spricht (1,12a.14; 2,2), also der Heimkehrergemeinde; s.o. S. 34f. Indem er die Baugemeinde so eindeutig begrenzte, trug er dem priesterlich-prophetischen Urteil von 2,14 Rechnung. Er vermied damit auch das Mißverständnis, dem im Laufe der Zeit die Wendung כל־עם הארץ unterlag (vgl. 2,4 mit Esr 4,4).

2. Auch die Umstellung des zweiten Auftritts (2,15–19) hinter die Entscheidung von 2,14 wird sachlich von deren Inhalt her verständlich. Das redaktionelle »Jetzt« in 2,15a besagt, daß erst mit der klaren Begrenzung der Gemeinde jenes Bauen (2,15) beginnen kann, dem der Segen Jahwes auf dem Fuße folgt (2,15.18a.19b). Weil dem Haggai-Chronisten daran lag, trennte er 2,15–19 von 1,15a und stellte es mit betontem ועתה hinter 2,14. Das Urteil von 2,14 legitimierte ihn. Das »unreine« Volk würde den Segen verderben, der dem Wiederaufbau verheißen ist. Vgl. o. S. 44.

Fünfter Auftritt:

Der Siegelring Jahwes

(2,20–23)

Literatur WBöhme, Zu Maleachi und Haggai: ZAW 7 (1887) 210–217 (215f.). – JWRothstein, Juden und Samaritaner: BWAT 3 (1908) 42–52. – ABentzen, Quelques remarques sur le mouvement messianique parmi les Juifs aux environs de l'an 520 avant J.-Chr.: RHPhR 10 (1930) 493–503. – EJenni, Die politischen Voraussagen der Propheten: AThANT 29 (1956) 103f. – KBaltzer, Das Ende des Staates Juda und die Messias-Frage: Studien zur Theologie der alttestamentlichen Überlieferungen (hg. RRendtorff–KKoch 1961) 33–43. – GSauer, Serubbabel in der Sicht Haggais und Sacharjas: BZAW 105 (1967) 199–207. – KMBeyse, Serubbabel und die Königserwartungen der Propheten Haggai und Sacharja. Eine historische und traditionsgeschichtliche Untersuchung: AzTh I/48 (1972) 52–58. – KSeybold, Die Königserwartung bei den Propheten Haggai und Sacharja: Jud. 28 (1972) 69–78. – ThABusink, Der Tempel von Jerusalem von Salomo bis Herodes II. (1980) 794–800. – EJBickerman, La seconde année de Darius: RB 88 (1981) 23–28.

Text [20]Dann erging das Wort Jahwes zum zweiten Male an Haggai am vierundzwanzigsten (Tage) des Monats also: [21]Sprich zu Serubbabel[a], dem Statthalter von Juda, also:
Ich erschüttere Himmel und Erde[b].
[22]Ich stürze um [a]die Throne der Königreiche[a]
und vernichte die Macht [der Königreiche][b] der Völker.
Ich zerstöre die Streitwagen und ihre Fahrer.
[c][Und ich stürze um all ihre Macht,
reiße nieder ihre Grenzen
und lasse meine Auserwählten zu Kräften kommen][c].
Es stürzen Rosse und Reiter,
jeder durchs Schwert seines Bruders.
[23]An jenem Tage ist Jahwes der Heerscharen Spruch:
Ich ergreife dich, Serubbabel – Sohn Schealti-els –,
meinen Knecht[a], ist Jahwes Spruch,
und mache dich gleich einem Siegelring,
denn ich habe dich auserwählt
– Spruch Jahwes der Heerscharen.

21 21a G ergänzt nach 1,1.12; 2,2 τὸν τοῦ Σαλαθιηλ (»den Sohn Schalti-els«). – b G erweitert nach 2,6bβ καὶ τὴν θάλασσαν καὶ τὴν ξηράν (»Meer und Fest-
22 land«). – 22a–a G (θρόνους βασιλέων »Throne der Könige«) deutet nach Ges-K § 124r richtig; s.u. S. 81. – b Das zweite ממלכות ist zu streichen. G stützt M, setzt aber auch hier wie in aα (ם)מלכי statt ממלכות voraus. Beides sprengt das rhythmische Ebenmaß der dreitaktigen Reihen und verletzt unschön die in aα//β für den

par.membr. gültige Regel des Alternierens; vgl. aber 2,7a. – c–c *G*ᴬ fügt nach 22bα und vor 22bβ hinzu καὶ καταστρέψω πᾶσαν τὴν δύναμιν αὐτῶν καὶ καταβαλῶ τὰ ὅρια αὐτῶν καὶ ἐνισχύσω τοὺς ἐκλεκτούς μου. *M* kennt nichts Entsprechendes. – **23a** עבדי gehört noch als Apposition zum Vokativ der namentlichen 23 Anrede und nicht zur Zusage אקחך; »jemanden als Knecht nehmen« müßte לקח c.acc. et ל konstruiert sein; vgl. 2Kön 4,1b; Hi 40,28b.

Dieser Bericht von einem zweiten Auftreten Haggais am 24. IX. = 18. Form Dezember 520 bringt nach der Einführung des Wortereignisses zwei Prophetensprüche (21b–22 und 23), die durch die Verknüpfungsformel ביום ההוא in 23aα lose miteinander verbunden, formgeschichtlich aber recht verschieden sind.

Die Einführung (20–21a) erinnert mit den Elementen Wortereignisformel, Datierung und Adressat deutlich an die entsprechenden Wortereignisberichte des Buches (vgl. 1,1; 1,15a.b–2,2; 2,10). Daß bei der Datierung nur die Tageszahl angegeben wird, kam schon in 1,15a bei bekanntem Monat und Jahr vor und ist hier ohne weiteres verständlich, da der Tag (einmalig bei Haggai) ausdrücklich (שנית) der des vorangehenden Spruches ist (2,10). Daß Serubbabel als Empfänger des Spruches in 21a mit אל eingeführt wird, entspricht 2,2, aber auch 1,1; daß jedoch in 20a auch Haggai als Vermittler des Jahwewortes mit אל eingeführt wird, entspricht weder 1,1.3 noch 2,1, wo sich für den Vermittler des Wortes ביד findet. אל־חגי in 2,20 ist wohl unbedacht aus 2,10 übernommen, wenn nicht 2,20–21a auf einen anderen Verfasser zurückgeht (s.o. S. 19 und WBöhme 215f.). In 2,10 bezeichnet אל korrekt Haggai als Empfänger des Wortes. Im übrigen ist in 20–21a nur unregelmäßig, daß die Wortereignisformel am Anfang steht, daß beim Namen Haggai הנביא fehlt (vgl. sonst 1,1.3.12a; 2,1.10) und bei »Serubbabel, dem Statthalter von Juda«, in 2,21 der Vatersname (vgl. sonst 1,1.12a.14; 2,2.23). In 2,23 erscheint einmalig die Spruchverbindungsformel »an jenem Tage«. Aufs ganze gesehen wiegen die Übereinstimmungen mit den übrigen Wortereignisberichten schwerer als die Differenzen, die durchweg sachlich verständlich sind. So können wir auch in 2,20–21a und in der Wortverbindungsformel 2,23aα den Haggai-Chronisten als Redaktor am Werke sehen.

Mit 21b–23 übernimmt er zum letzten Mal die Auftrittsskizze eines Prophetenschülers mit zwei Prophetensprüchen. Interessant ist, daß der Haggai-Chronist zwar in 21a Serubbabel wie meist (1,1.14; 2,2) als »Statthalter von Juda« einführt, daß aber Haggai selbst gemäß der Auftrittsskizze in 23aα die persische Amtsbezeichnung ausläßt; beides entspricht genau dem Befund in 2,2 und 4; zu 1,12 s.o. S. 34.

Der erste der beiden Sprüche ist formgeschichtlich als Theophanieankündigung mit Folgeerscheinungen gemäß den Traditionen vom heiligen Krieg zu bestimmen (vgl. 2,6f. und o. S. 60 und u. S. 81), der zweite als Designation gemäß höfischen Überlieferungen.

Im einzelnen sind zwischen den beiden Sprüchen noch drei Formunterschiede zu beachten:

(1.) Nur der zweite spricht Serubbabel an, obwohl auch die Ankündigungen des ersten nach 21a an ihn gerichtet sind.

(2.) Nur der erste zeigt mit seinen parallelen Gliedern eine rhythmische Struktur. 21b–22 sind am ehesten als zwei Tripeldreier zu lesen (dem *G* noch einen dritten zuzufügen scheint), wenn man auch 21b dreitaktig betont und in 22aβ ממלכות als sekundär streicht (s. Textanm. 22b). Der zweite Spruch hingegen ist in seinem jetzigen Bestand prosaisch zu lesen. Doch ist die gerade auch hier für den mündlichen Vortrag zu erwartende poetische Struktur herzustellen, wenn man die stereotype Verknüpfungsformel ביום ההוא, zweimaliges נאם יהוה צבאות in aα¹ und bβ sowie בן־שאלתיאל in aα als schriftliche Zutaten der Auftrittsskizze ansieht. Dann ergibt sich ein klarer Aufbau zweier Doppelzweier:

עבדי נאם־יהוה   אקחך זרבבל

כי־בך בחרתי   ושׂמתיך כחותם

Von den breit daherrollenden Tripeldreiern in 21b–22, die den Umbruch des Weltgeschehens ansagen, steigert sich die prophetische Rede zu den feierlich kurzen Versen der Berufung Serubbabels, in denen jeder Takt betont ist.

(3.) Merkwürdig ist, daß im heutigen Text von 23 neben einem נאם־יהוה (aα²) noch zweimal נאם יהוה צבאות (aα¹ und bβ) vorkommt, während im ersten Spruch keine von beiden Gottesspruchformeln erscheint, obwohl auch hier die Ich-Rede Jahwes vorherrscht (21b–22bα). Das Mißverhältnis bleibt nicht so kraß, wenn zur mündlichen Verkündigung nur der oben skizzierte kürzere Text von 23 gehört. Hier muß der Blick auf

Exkurs נאם יהוה (צבאות) im Haggaibuch im ganzen fallen. Die Gottesspruchformel kommt im Haggaibüchlein ungewöhnlich oft vor. Man vergleiche: נאם findet sich im ganzen Alten Testament (nach HEising, ThWAT V, 120) 376mal, bei Hosea 4mal, bei Micha 2mal, dagegen in nur zwei Haggai-Kapiteln 12mal, davon je 6mal die Kurzform נאם יהוה (im folgenden = K) und die Langform נאם יהוה צבאות (im folgenden = L). Gehen wir von 2,23 aus, so ist K hinter עבדי wahrscheinlich ursprünglich, zweimal L dagegen wahrscheinlich sekundär; s.o. S. 78. In jedem der drei Fälle hat die Formel die Funktion, ein unmittelbar benachbartes »Ich« als Ich Jahwes zu betonen: »Mein Knecht – Spruch Jahwes«, »Spruch von Jahwe Zebaot – ich ergreife dich«, »dich erwähle ich – Spruch von Jahwe Zebaot«. Diese Funktion der Betonung des Ich Jahwes findet sich ebenso in 2,14 (»vor mir – Spruch Jahwes«), ferner in 1,9.13; 2,8.9b.17, auch in 2,4bβ, nur nicht in dem doppelten Vorkommen des Ermutigungsrufs in 2,4a. Beim dreifachen Vorkommen der Formel in 2,4 läßt sich im Vergleich zu 2,23 eine Folgerung für die unterschiedliche Herkunft von K und L ziehen. In 2,23 zeigte sich, daß wahrscheinlich nur K auf Haggai selbst (in seiner mündlichen Verkündigung) zurückgeht, L hingegen schriftliche Zutat ist. Dasselbe kann gut für 2,4 zutreffen, wo K im Zuruf an Serubbabel und an das Volk kaum wegzudenken ist. Auch in 2,14 ist K im Munde Haggais wahrscheinlich. Am unsichersten bleibt die Frage der Herkunft bei 1,9 und 2,17. Daß in 2,4a beim Anruf des Hohenpriesters, der erst vom Haggai-Chronisten nachgetragen wurde (s.o. S. 53), sowohl K als auch L fehlen, läßt vermuten, daß keine der Formeln erst vom Haggai-Chronisten stammt, sondern in der Regel entweder (vor allem K) auf Haggai selbst zurückgeht oder (vor allem L) auf den Verfasser der Auftrittsskizzen. Wenn beide Formeln jeweils das Ich Jahwes betonen, so bleibt als hauptsächliche Verkündigungsfunktion, die Angefochtenen zu stärken. Das gilt deutlich auch für K in 2,4 (im Blick auf 2,3) und für 2,14 (im Blick auf »dieses Volk«, die Samaritaner). Wenn Haggais Schüler gern L einschaltet, so verweist er mit Jahwe Zebaot auf den allmächtigen Herrn (G κύριος παντοκράτωρ) auch aller Kriegsheere, von denen im Kontext mehr oder weniger deutlich die Rede ist; vgl. 2mal L in 2,23 mit 2,22 und 2,8.9b mit 2,6f.

Die Auslegung der beiden Prophetensprüche wird ihren literarischen Ort beachten müssen. Was bedeutet es, daß Jahwes Theophanie unter den Völkern und Serubbabels Designation am gleichen Tage angekündigt und aufgeschrieben werden wie die Entscheidung über »dieses Volk«? Vgl. 2,20–21a mit 2,10 und 2,14. Ist beides von ähnlicher politischer Brisanz? Dazu drängt sich die Frage auf, in welchem Verhältnis die hochaktuellen Entscheidungen dieses folgenschweren Tages zu den prophetischen Ansprachen über den Tempelaufbau in den vorangehenden drei Auftritten stehen.

Sprechen diese letzten Sprüche die gleiche breite Öffentlichkeit an? Oder erfolgt wenigstens die Designation Serubbabels (23) in einem engeren Kreise, vielleicht gar bewußt geheim? Vgl. 1Sam 10,1; 16,13; 1Kön 11,29; 2Kön 9,6 und u. S. 80.

Die Lösung solcher Probleme bleibt mit der Frage verbunden, inwiefern Haggais Verkündigung von der weltgeschichtlichen Stunde abhängt. Für den 24. IX. im zweiten Jahr Darius' I. haben wir mit der Mehrheit der Forscher den 18. Dezember 520 angenommen, entgegen der Datierung von EJBickerman, der neuerdings für den 30. Dezember 521 plädiert; s.o. S. 54ff. Exkurs: Das zweite Jahr des Darius. Zwar sind zu jenem späteren Termin die schwersten Unruhen im Perserreich nach Kambyses' Tod weithin überwunden (s.o. S. 55), doch ist die prophetische Gewißheit von Jahwes Geschichtszielen tiefer in Israels Glaubenstraditionen verwurzelt, als daß sie dem kurzfristigen Auf und Ab in der Völkerwelt ausgeliefert wäre. So kann denn auch Haggai aus den weltpolitischen Ereignissen der Jahre 522–521 durchaus noch im Dezember 520 Figuren und Farben aufgreifen, die das Bild von Jahwes kommenden Eingriffen verdeutlichen.

Daß an einem Tage zwei verschiedene Prophetenauftritte notiert werden (שֵׁנִית!), finden wir noch in 2Sam 7,3 und 4ff. sowie in Jer 28,5–9 und 12–16. In beiden Fällen gibt das jeweils erste Wort ein persönliches Votum Natans bzw. Jeremias wieder; erst das jeweils zweite Wort bean-

Ort

Wort
20

sprucht, als Wort Jahwes angenommen zu werden. Dabei muß Natan das Gegenteil seiner zuvor geäußerten Ansicht verkündigen; Jeremia aber hat eine klare Bestätigung und Verdeutlichung seiner eigenen Erwägungen anzusagen. Bei Haggai wird im neuen Auftritt am gleichen Tage ein neues Thema angeschlagen, wenn man nicht von einer entscheidenden Weiterführung sprechen will. Denn dem Urteil über »dieses Volk«, mit dem man als einem »unreinen« keine Berührung haben soll (12–14), folgt nun die Ankündigung des Untergangs der Weltmächte insgesamt (21b–22) und einer speziellen Berufung Serubbabels (23).

Beide Sprüche dieses zweiten Auftritts lassen sich als eine Stärkung des Angesprochenen nach der harten Zumutung der Restriktion in 2,14 verstehen. Daß Haggai die Sprüche des 24. IX. (= 18. Dezember) einer breiteren Öffentlichkeit verkündet habe, wie es bei den früheren Worten ausdrücklich festgestellt wurde (1,2.12–14; 2,2.4) oder doch aus pluralischen Anreden und entsprechenden Inhalten und Redeformen zu schließen war (1,4–10; 2,15f.18a.19b; 2,3) – nichts dergleichen ist in den Sprüchen 2,14.21b–23 zu erkennen. In 2,23 wird ausdrücklich nur Serubbabel angesprochen. Aber auch 2,21b–22 steht unter der Aufforderung Jahwes an
21a den Propheten, (nur) zu Serubbabel zu sprechen (21a!, vgl. dagegen 2,2). Der erste Auftritt des Tages (10–14) betrifft zunächst nur Haggai selbst (11); er wird zu einem prophetischen Entscheidungsurteil angeleitet, für das kein Adressat angegeben wird. Nichts verlautet davon, daß es einer Volksversammlung unterbreitet wird. Der Sache nach liegt es näher, daß es entweder einem Kreis von Ältesten (vgl. Esr 5,5; 6,8.14) oder auch nur Serubbabel (entsprechend 21a.23) als dem Sprecher der Heimkehrergemeinde mitgeteilt wurde (vgl. Esr 4,3). In jedem Falle ist das Urteil hart für den, der daraus Konsequenzen ziehen muß.

21b So mag das zweite Wort des Tages davon ausgehen, daß Serubbabel als Anführer der Gola-Gemeinde mit politischen Schwierigkeiten zu rechnen hat. Spannungen drohen zwischen Samaria und Jerusalem. Die nördliche Provinz, deren Verwaltungshauptstadt Samaria mit ihrer (halb-)heidnischen Oberschicht aus assyrisch-babylonischen Zeiten (2Kön 17,24–34; s.o. S. 72 und Esr 4,2f.) ist, mißtraut den Tausenden einer neuen aristokratischen Oberschicht in Juda, die mit Serubbabel und Josua kürzlich aus dem Exil heimgekehrt sind (s.o. S. 34f. und S. 74). Zwischen beiden leben Altjudäer und alte Nordisraeliten, die seit alters mit dem Jerusalemer Heiligtum verbunden sind. Die Inspektion des Satrapen Tattenai aus Damaskus, 519 bald nach den ersten Tempelaufbaumaßnahmen unter Serubbabel in Jerusalem durchgeführt, spiegelt das tiefe Mißtrauen zwischen den beiden rivalisierenden Oberschichten; vgl. Esr 5,1–10 und Alt, KlSchr II, 316.335; KMBeyse 52ff.; AHJGunneweg, Geschichte Israels bis Bar Kochba (1972) 126. Man witterte Aufruhr und Putschversuche. Mindestens Verdächtigungen bahnten sich an, als Haggai zum zweiten Male am 24. IX. (= 18. Dezember) das Wort ergriff und einen möglicherweise angefochtenen Serubbabel ansprach.

Haggai begann mit den gleichen Worten, mit denen er zwei Monate zuvor (am 21. VII. = 17. Oktober 520) eine größere Öffentlichkeit ermutigt hatte; vgl. 2,6bα mit 2,3f. Er bezeugt dem Statthalter das Ich seines Gottes, der die Erschütterung von Himmel und Erde, also des ganzen Kosmos, mit Erdbeben und Unwetterkatastrophen in den Dienst seiner Weltherrschaft und damit zugleich seines Heiligtums stellt, dessen Aufbau er erwartet (s.o. S. 60f.). Er nimmt damit traditionelle Gewißheit auf, spricht aber in den folgenden Ansagen auch aus Kenntnis gegenwärtiger **22** Völker (22). Aspekte des heiligen Krieges klingen an (vgl. GvRad, Der heilige Krieg im alten Israel: AThANT 20, 1951, 65f.; KGalling, Studien 139f.). Doch ist jetzt Traditionelles und Aktuelles schwerlich zu unterscheiden. Mit dem leitenden Stichwort der Ankündigung Jahwes, והפכתי, am Anfang von 22a und b gleich doppelt ausgerufen, erinnert Haggai den besorgten Serubbabel sofort und nachhaltig daran, daß Jahwe der Gott ist, der auch alle machtpolitischen Verhältnisse bewältigt. הפך bedeutet zunächst »wenden«, sei es von Kuchen (Hos 7,8; s. BK XIV/1, 161), sei es vom Wind ausgesagt (Ex 10,19). Es wird dann zum Kennwort des Umstürzens aller Art und damit der totalen Veränderungen, fest verbunden vor allem mit der Sodom-Gomorra-Tradition, wo es ebenso die Zerstörung der Städte wie die Verwüstung des Landes beschreibt; vgl. Gen 19,25.29; Dtn 29,22; Jes 13,19; Jer 20,16; 49,18; Klgl 4,6. Bei Haggai aber wird – einmalig im Alten Testament – כסא ממלכות zum Objekt des Umstürzens. Man hat die Wendung singularisch verstehen wollen (KElliger; WRudolph; SAmsler) und dabei an die persische Zentralregierung gedacht; doch hat *G* (s. Textanm. 22a–a) die Meinung des Hebräischen getroffen, daß bei der Verbindung eines Substantivs (nomen regens) mit einem Genitiv (nomen rectum) die Pluralisierung des nomen rectum genügt, um auch das nomen regens pluralisch zu verstehen. Also wird hier der Umsturz einer Vielzahl von Thronen der Königreiche angekündigt. Die Anschauung liefert den Zeitgenossen der Anfang der Regentschaft Darius' I. mit seinen vielfach rebellierenden und dann entthronten Königen (s.o. S. 54ff.). Den letzten Umsturz aller Throne wird Jahwe bewirken.

Die parallele Aussage in 22aβ erklärt, daß es beim Umsturz der Throne um die königliche Staatsgewalt geht. חזק meint jene Kraft der Völker, die in militärischer Leistung zum kriegerischen Einsatz und nach Möglichkeit zur Überlegenheit der Stärke führt (Am 6,13). Eben solche Macht will Jahwe vernichten. שמד hi. besagt jenes »Tilgen«, das im sakralen Bannrecht der alten Jahwekriege zu vollstrecken war; vgl. Dtn 2,21f.; 9,3; Jos 7,12; 11,20 mit Am 2,9; 9,8; Sach 12,9 und BK XIV/2, 204. Nicht die Völker, aber ihr militantes Wesen will Jahwe vernichten.

Das wird in 22b noch deutlicher, wenn dort die stärksten und schnellsten Waffen der Zerstörung preisgegeben werden: die Streitwagentruppen; vgl. H Weippert, Art. Pferd und Streitwagen: BRL² 250–255. Haggai nennt »Wagen« (מרכבה), »Pferde« (סוסים) und רֹכְבִים. Letztere stellen die Besatzung dar, die (auf dem Wagen) Fahrenden. Selten fährt der Lenker allein, der als Zügelhalter nicht kämpfen, sondern nur imponieren kann (so auf einem Elfenbein von Megiddo, BRL² 70, Abb. 19,3). In der Regel gehört der Bogenschütze als Angreifer (ANEP 172.183f.) und nicht selten ein dritter Mann der Besatzung als Schildhalter und Verteidiger hinzu. Pferden und Fahrern wird angesagt, daß sie »fallen« (ירד = »stürzen«, »untergehen«) werden. Wieder fügen sich Überlieferungen der Exodus-Tradition und des Jahwekrieges (Ex 14,25; 15,4.21; Jes 34,7; 43,17; Jer 48,15) zusammen mit Erfahrungen der jüngsten Perserzeit (vgl. Behistun §§ 18.20.32.42 u.ö.: »Heervolk zu Pferde«). Wenn dann Haggai im Schlußsatz des Spruches (22bγ) sagt, daß »einer durch das Schwert seines Bruders« umkommt, so ist zugleich an die Wiederholung des panischen Gottesschreckens der israelitischen Frühzeit zu denken (Ri 7,22; vgl. Ez 38,21; Sach 14,13) wie auch an den Ausgangspunkt der Thronfolgekämpfe Darius' I. Denn der Brudermord ist ein Hauptthema der Behistun-Inschriften. Kambyses hatte seinen Bruder Smerdis/Bardija ermordet (§ 10). Doch dieser Mord wurde geheimgehalten. »Da nahm die Lüge im Lande überhand«. Gaumâta gab sich zuerst als Smerdis, Sohn des Cyrus, Bruder des Kambyses aus (§ 11). Später behauptete ein Rebell nach dem anderen, jener Smerdis zu sein (z.B. §§ 41.45; s.o. S. 54f.). »Lügenkönige« nennt sie Darius. Wenn Haggai das Thema des verwirrenden Gottesschreckens und des Brudermordes aufnimmt, so betont er mit dem Ende seines Spruches, daß die Machthaber und Gewalttäter zuletzt einander in Panik selbst ihr Ende bereiten. Jahwe wird den Untergang aller kriegerischen Kämpfer heraufführen, ohne daß das Volk Serubbabels militärisch gefährdet würde. Wenn anders der Spruch 21b–22 gezielt dem Statthalter von Juda übermittelt wird (21a!), so will er ihm alle Furcht vor politischen Verwicklungen (nach dem Entscheid von 2,14) nehmen.

Vergleicht man 2,21b–22 mit 2,6–7, so finden sich zunächst Übereinstimmungen. Beide beginnen mit der Ankündigung kosmischer Erschütterungen durch Jahwe im gleichen Wortlaut (6bα = 21b, in 6bβ etwas erweitert). Beide gehen über zu politischen Erschütterungen der Völkerwelt (הגוים in 7a und 22aβ). Doch hier beginnen die Besonderheiten. In 7aα wird nur kurz, wenn auch betont, angekündigt, daß Jahwe »alle Völker erschüttert«. V. 22 läßt sich wie eine Erklärung dieser Erschütterung verstehen, indem hier vom Umsturz der staatlichen Gewaltherrschaft und von der Zerstörung des Militärpotentials die Rede ist. 7aβ.b hingegen spricht überraschend von der Ankunft der Schätze aller erschütterten Völker zur Ausstattung von Jahwes Heiligtum, von dem schließlich das Geschenk des Friedens ausgehen wird (9b). Von hier aus verwundert es nicht, wenn in 22 die Bedrohung der königlichen Throne wesentlich zur Vernichtung allen kriegerischen Unwesens führt, was indirekt eine Tröstung Serubbabels in sich birgt. G^A fügt schon als Ziel der Überwindung der kriegerischen Machtmittel hinzu, daß Jahwe »seine Auserwählten zu Kräften kommen lassen« will; s.o. Textanm. 22c–c.

M bringt die Wendung zum Heil erst in 23. Der Text richtet sich in di- 23 rekter Anrede an Serubbabel. Die literarische Verknüpfungsformel »an jenem Tage« (BK XIV/2, 373) datiert die Erfüllung der folgenden Zusage ans Ende der gewalttätigen Weltreiche (21b–22), was für Haggai nicht eine Verzögerung der ermutigenden Naherwartung von 2,6 bedeuten muß (s.o. S. 60 zu 6aβ). Die dreifache Gottesspruchformel (s.o. S. 78) zeigt, wie in diesem Spruch jedes Wort größtes Gewicht hat, auch mit dem, was er nicht sagt. So wird Serubbabel jetzt nicht mit dem persischen Titel פחת יהודה angesprochen (vgl. noch 21a), aber auch nicht nur mit seinem Namen, sondern (wenigstens in der schriftlichen Auftrittsskizze, s.o. S. 78), als Sohn Schealti-els, womit nur andeutungsweise auf seine Herkunft hingewiesen, aber nicht direkt an seine davidische Abstammung erinnert wird (vgl. o. S. 22).

Der eigentliche Spruch beginnt mit אקחך. Die 1.pers.sing. לקח mit suff. 2.pers.sing. zeigt sofort, was für den ganzen Spruch gilt: Er handelt in direkter Anrede ausschließlich vom Verhältnis Jahwes zu Serubbabel. Dabei hat לקח hier nur eine begrenzte Eigenbedeutung; das Wort kündigt in ähnlichen Texten Eingriffe zum Ortswechsel, Berufs- und Funktionswechsel an (Gen 24,7; Ex 6,7; Num 3,12; Dtn 4,20; Jos 24,3; 2Sam 7,8; 2Kön 2,3; 14,21; 23,30; Am 7,15; vgl. BK XIV/2, 263); es charakterisiert wie ein Adverb die folgende Handlungsweise als souveräne Initiative Jahwes.

»Meinem Knecht« gilt sie. Das Wort עבד hat eine große Bedeutungsbreite. Nennen wir nur den Hausssklaven (Gen 24,2), den Soldaten (2Sam 2,12), den Minister (Jer 36,24), Mose (Dtn 34,5), den babylonischen König Nebukadnezzar (Jer 25,9; 27,6), vor allem aber König David, für den »Knecht Jahwes« (עבדי) geradezu zum Titel wird (2Sam 7,5.8; 1Kön 11,32.34; Ez 34,23f.; 37,24; Ps 78,70; 89,4; 132,10). Serubbabel wird also wie David angesprochen. Er wird aber nicht allererst hier zum »Knecht Jahwes« ernannt (s. Textanm. 23a); er ist es schon. Dieses Verhältnis wird man in Haggais Sinn auf seinen Einsatz beim Tempelbau beziehen. Inhaltlich weist der Knechtstitel auf willigen Gehorsam in vertraulicher Treue hin (Jes 42,1; Ps 89,4).

Diesem Knecht wird unter dem Zugriff Jahwes ein Neues zugesagt. Dem impf. אקחך (in adverbialer Funktion) folgt das inhaltlich entscheidende, in die Zukunft weisende perf.cons. ושמתיך. שים c.acc. et כ heißt »gleichsetzen«, »machen zu etwas« (Gen 13,16; 1Kön 19,2; Hos 2,5). So wird nun Serubbabel in die Funktion eines »Siegels« eingesetzt. Zum Siegel wird Jahwe seinen Knecht machen. חותם heißt das im Alten Orient vielfältig belegte Siegel, das vor allem als Roll-(Zylinder-)Siegel oder als Skarabäus gestaltet und mit Bild und/oder Schrift (Namen) versehen sein kann; vgl. PWelten, Art. Siegel und Stempel: BRL² 299–307 (Abbildungen!). Es kann als Schmuck um den Hals gehängt (»aufs Herz gelegt«), am Arm getragen (Hld 8,6) oder als Ring auf einen Finger der rechten Hand gesteckt werden (Gen 41,42; Est 3,10; Jer 22,24). Als Schmuck kann es besondere Schönheit illustrieren (Ez 28,12); vgl. WZimmerli, BK XIII, 683. So deutet HEwald 186 unseren Text von Hld 8,6 her: »Dich nehmen und wie den Siegelring halten d.i. dich als das theuerste Kleinod bewahren«. Doch im wesentlichen dient das Siegel der Beglaubigung von Rechtsakten, der Identifikation von Eigentum und der Bevollmächtigung eines Stellvertreters. So ersetzt das Siegel rechtskräftig die Unterschrift auf Urkunden (Jer 32,10–44; 1Kön 21,8). Wer jemandem sein Siegel schenkt, der verleiht ihm rechtskräftige Vollmacht und gänzliches Vertrauen. Daß Jahwe Serubbabel einem Siegel gleichsetzen will, ist die eigentliche Aussage dieser Verheißung. Innerhalb des Alten Testaments gibt es nur einen einzigen vergleichbaren Text: Jer 22,24. Dort verdeutlicht Jahwe im Prophetenwort die Verwerfung des Königs Jojachin damit, daß er ihm androht, das Widersinnigste zu tun, nämlich den Siegelring von seiner Hand abzureißen, also das kostbarste Zeichen seiner Identität wegzuschleudern. Jojachin wurde in seinem 55. Lebensjahr aus dem Gefängnis im Exil entlassen (2Kön 24,8; 25,27); Serubbabel, im Exil geboren (s.o. S. 22), kann seinen Großvater noch sehr wohl gekannt haben. Hat er oder hat Haggai Jeremias Gerichtswort gegen seinen Großvater und damit das sonst unbekannte Gleichnis des Siegelrings gekannt? Sicher gilt das von Sir 49,11f., wo Serubbabel als »Siegelring an der rechten Hand« gepriesen wird, womit der Wortlaut von Jer 22,24 mit Hag 2,23 verbunden ist. Will Haggai Serubbabel sagen, daß Jahwe der verworfenen davidischen Dynastie mit Serubbabel eine neue Fortsetzung schenken wird? Vgl. 2Sam 7,16 und SMowinckel, He that Cometh (1956) 119; KMBeyse 59. Der Kontext bei Haggai erinnert nicht an die Natanweissagung. Wird man das Wort vom Siegel nicht auf die vorangehenden Auftritte beziehen müssen? Ein Siegel beglaubigt ein Rechtsgeschäft mit verpflichtender Wirkung. Die Besiegelung enthält auch ein Moment der Vollendung. Serubbabel als Jahwes Siegel wäre dann der Garant, daß der Tempelbau vollendet wird. Die Zusage entspräche insofern Sach 4,9 als Trost für den Verzagten. Darüber hinaus würde das Siegel Jahwes die Erfüllung der mit dem Tempelbau verbundenen Verheißungen verbürgen. So wird dem nach 2,14 Geängsteten wie mit 22 Mut zugesprochen.

Halten wir zunächst fest, daß die Zusage von Serubbabels Gleichsetzung mit dem Siegel das eigentlich Neue und inhaltlich Bedeutsame im Spruch darstellt. Denn der auf das Wort vom Siegel folgende כי-Satz mit seinem konstatierenden Perfektum sagt nichts Weiterführendes, sondern nennt den schon präsenten Grund für Jahwes kommende Tat: »Ich habe dich erwählt«. בחר nähert sich in seiner Bedeutung oft אהב (»lieben«, z.B. Dtn 4,37; Jes 41,8). Auch in diesem Begründungssatz, der beim Anredestil bleibt, geht es um das persönliche Verhältnis Jahwes zu Serubbabel (wie in עבדי, אקחך und ושמתיך). Und wie bei עבדי klingt mit בחר ein Thema an, das vielfach zu den Davidtraditionen gehört: 1Sam 16,8–10; 2Sam 6,21; 1Kön 8,16; 11,34; Ps 78,70; 1Chr 28,4. Vielleicht ist es bezeichnend, daß Ps 78,70 alle Stichworte unseres Haggai-Spruchs enthält (»ergreifen« לקח, »mein Knecht« עבדי, »erwählen« בחר); nur das Bild vom Siegel und damit das eigentlich Neue fehlt im Psalmwort; in Ps 78,70 steht jedoch der Name David, der wiederum bei Haggai fehlt. So behält die Erwägung eine gewisse Wahrscheinlichkeit, daß die angekündigte Gleichsetzung Serubbabels mit dem Siegel seine künftige Ernennung zum neuen David bedeutet. Doch ist zu betonen, daß diese Verheißung verhalten bleibt. Wichtige Worte und Themen fehlen, die zur Messiaserwartung gehören. Wie »David«, so bleiben auch Worte wie »salben« (משח) und »König« (מלך) unerwähnt. Wichtiger ist, daß nichts verlautet von Kampf, Sieg und Frieden des Messias (Jes 9,5f.; Sach 9,9f.; vgl. Ps 2,9.12; 110,5f.). Ist dieses Thema mit der Ankündigung von Jahwes Umsturz der Weltmächte (22) erledigt? Soll eben dies »an jenem Tage« durch Serubbabel besiegelt werden, daß durch Jahwe den Kriegen der Weltmächte das Ende bereitet ist? Daß Serubbabel bestimmte Taten überlassen bleiben, in der Völkerwelt und in seinem Volk, wird nicht einmal angedeutet, weder, daß er den Frieden zu verwalten habe, noch viel weniger, daß subversive Aktionen gegen Darius' Reich von ihm zu erwarten wären (vgl. aber EJBickerman 24f. o. S. 55 und ThABusink 799).

Die Verheißung gilt allein dem intimen und verbindlichen Ich-Du-Verhältnis zu Serubbabel: »Ich ergreife dich«, »mein Knecht«, »ich habe dich erwählt«, so »werde ich dich zum Siegelring machen«. Als das entscheidend Neue haben wir das Wort vom Siegel erkannt. Es bleibt die Frage, was die Funktionsbestimmung des Knechts als Siegel bedeutet. Der Gehorsame wird der Bevollmächtigte, der Dienende wird zum Repräsentanten, der Vertraute wird zum Garanten. Es ist ein offenes Problem des Sprachgebrauchs, ob man in der Neubestimmung des Gottesverhältnisses auch Züge des Messianischen sehen will; vgl. KMBeyse 9.41. Charakteristisch bleibt, daß nicht ein Messias verkündigt wird (wie etwa Sach 9,9f.), sondern daß Serubbabel angesprochen wird. Der Angesprochene ist der Initiator des Tempelaufbaus, der dem Wort Haggais gehorsam war und der sich um den Ort von Jahwes Gegenwart, Jahwes Segen und Jahwes Frieden gekümmert hat. Eben er kann sich als Jahwes kostbarstes Schmuckstück, mehr: als seinen bevollmächtigten Statthalter eingesetzt sehen, ja als »Siegel«, d.h. als den Bürgen der Vollendung des Tempelbaus und der Erfüllung seiner Verheißungen. Noch lebt auch er in der Stunde des Wartens, in der Zeit der kleinen Anfänge. Aber im Warten muß er sich nicht mehr fürchten vor Feindseligkeiten. Jahwes Hand hat ihn schon ergriffen.

Ziel   Serubbabel hatte den Zuspruch nötig. Warum trat Haggai nach knappen vier Monaten der Anstöße ins Schweigen zurück? Starb er bald nach dem letzten Spruch? Starb Serubbabel? Wurde er als Statthalter von der Zentralregierung abberufen? Endete er als Rebell am Pfahl? im Gefängnis zu Susa? im Versteck eines Bergwinkels in Syrien? (vgl. ThABusink 799). Die Forschung stellt ebenso inquisitorische Fragen wie einst Tattehai nach Esr 5,3ff. Weder Haggai noch Esra beantwortet sie. Nichts gibt uns hinreichend Anlaß, Serubbabel eines kurzsichtigen Enthusiasmus zu zeihen, als habe er sich an die Spitze einer schwärmerischen Freiheitsbewegung gesetzt. Die Sprüche in V. 22 und V. 23 erlauben es nicht. Nach 2,4 war er eher mutlos. Später erwähnt ihn nicht einmal der Bericht über die Vollendung des Tempelwiederaufbaus in Esr 6,14ff. – trotz Sach 4,9! Für Haggai und damit einstweilen für die gesicherte Serubbabel-Forschung endet die Geschichte dieses Statthalters von Juda mit den beiden Gottessprüchen in 2,21b–22 und 23 – und darüber hinaus im dunkeln. Auch Sach 4,6–10 und 6,12f. führen nicht weiter.

    Bei Haggai aber lesen wir allen düsteren Spekulationen zum Trotz als letzten Spruch kein Wort der Hoffnungslosigkeit und keine Silbe der Enttäuschung. Vielmehr berufen Serubbabel die einzigen an ihn gerichteten Sätze eindeutig zum Hoffnungsträger. Er war als Statthalter von Juda mit den Verhältnissen im Perserreich gewiß vertraut, auch mit den Unruhen seit Gaumâtas Aufstand und Kambyses' Tod (s.o. S. 55f.). So konnte er Haggais eigenwillige Auslegung der Friedenserwartung (vgl. 2,6–9) in 21b–22 wohl verstehen – nicht als Appell zu irgendeiner kriegerischen Anführung oder Mitwirkung, sondern als von Jahwe gewirkte Entmachtung aller Machthaber, als Vernichtung aller Zerstörungswerkzeuge, als Selbstzerfleischung aller Angreifer. Der Verwalter von Juda war kein Kämpfer.

    V. 23 setzt ihn als persönlichen Hoffnungsträger ein. Sieht man dieses locker angefügte Wort im inhaltlichen Zusammenhang mit 21b–22, so wird ihm hier zugesagt, am Ende allen Unfriedens in der Welt Jahwes Siegel zu sein, mit dem er die Vollendung des Friedens verläßlich, gültig, rechtskräftig bestätigt. Vielleicht darf man darüber hinaus dieses persönliche Wort auf Serubbabels Lebenswerk des Tempelbaus beziehen und auf die Verheißungen, die Haggai damit verbunden hat (vgl. 1,8b; 2,9b; 2,19b). Das Bild des Hoffnungsträgers bleibt er – allen Dunkelheiten der Historie zum Trotz – gemäß dem Zuspruch seines Gottes, den er erfuhr.

    Rätselhaft bleibt, was aus Serubbabel wurde. Nicht rätselhaft ist, daß hier ein Mensch in eine einzigartige Verbundenheit mit dem Gott Israels hineingenommen wurde. Rätselhaft bleibt, warum gerade dieser persische Statthalter und Davidssohn zum »Siegel« Gottes gemacht wurde. Nicht rätselhaft bleibt nach diesem Wort, daß allein Gottes freie Liebeswahl der Grund seiner Berufung war. Rätselhaft bleibt die Zahl von Zeugen im Alten Testament, die berufen wurden und scheiterten (vgl. RPCarroll, When Prophecy Failed, 1979, 157–168). Tatsache bleibt, daß ihr Wort dennoch neue Hoffnung auf Erfüllung wirkte. Am Ende der Kette alttestamentlicher Zeugen finden Gottes Haus auf Erden und der Frieden in der Welt ihre verläßliche Beglaubigung in dem Gottesknecht Jesus. Davon lebt der christliche Glaube, unterwegs durch Erschütterungen zum »unerschütterlichen Reich«; vgl. 2,6f.21f. mit Hebr 12,26–28.

Register

Register der Bibelstellen

Register der Namen und Sachen

Register der Namen und Sachen

Register der hebräischen Wörter

Häufige Abkürzungen zur Haggai-Literatur

PRAckroyd	–, Exile and Restoration. A Study of Hebrew Thought of the Sixth Century BC (1968)
SAmsler	–, Aggée: CAT XIc (1981) 11–42
WAMBeuken	–, Haggai – Sacharja 1–8. Studien zur Überlieferungsgeschichte der frühnachexilischen Prophetie: Studia semitica Neerlandica 10 (1967)
KMBeyse	–, Serubbabel und die Königserwartungen der Propheten Haggai und Sacharja: Arbeiten zur Theologie I/48 (1972)
BK	Biblischer Kommentar Altes Testament, begründet von Martin Noth (Neukirchen-Vluyn 1955ff.)
BK XIV/1	HWWolff, Hosea: – – – (^{3}1976)
BK XIV/2	–, Joel und Amos: – – – (^{3}1985)
BK XIV/3	–, Obadja und Jona: – – – (1977)
BK XIV/4	–, Micha: – – – (1982)
BRL^2	KGalling (Hg.), Biblisches Reallexikon (^{2}1977)
ThABusink	–, Der Tempel von Jerusalem von Salomo bis Herodes II. (1980) Kap. X: Der Tempel Serubbabels 776–841
BDuhm	–, Anmerkungen zu den zwölf Propheten: ZAW 31 (1911) 1–43.81–110.161–204
KElliger	–, Das Buch der zwölf kleinen Propheten II: ATD 25/II (1950.^{7}1975)
KGalling	–, Studien zur Geschichte Israels im persischen Zeitalter (1964)
FHorst	ThHRobinson und FHorst, Die zwölf kleinen Propheten: HAT I/14 (1938.^{3}1964)
EJanssen	–, Juda in der Exilszeit. Ein Beitrag zur Frage der Entstehung des Judentums: FRLANT 69 (1956)
SJaphet	–, Sheshbazzar and Zerubbabel: ZAW 94 (1982) 66–105; 95 (1983) 218–229
KBL	Ludwig Koehler und Walter Baumgartner, Lexicon in Veteris Testamenti Libros (1953.^{2}1958.^{3}1967ff.)
KKoch	–, Haggais unreines Volk: ZAW 79 (1967) 52–66
KMarti	–, Das Dodekapropheton: KHC (1904)
RAMason	–, The Purpose of the ›Editorial Framework‹ of the Book of Haggai: VT 27 (1977) 413–421
HGMitchell	–, Haggai and Zechariah: ICC (1912.^{2}1961)
WNowack	–, Die kleinen Propheten: HK III/4 (1897.^{3}1922)
DLPetersen	–, Haggai and Zechariah: OTL (1984)
vRad, TheolAT	–, Theologie des Alten Testaments II. Die Theologie der prophetischen Überlieferungen Israels (1960.^{8}1984)
WRudolph	–, Haggai – Sacharja 1–8 – Sacharja 9–14 – Maleachi: KAT XIII/4 (1976)
GSauer	–, Serubbabel in der Sicht Haggais und Sacharjas: BZAW 105 (1967) 199–207
ESellin	–, Das Zwölfprophetenbuch: KAT XII/2 (1922.$^{2.3}$1930)
OHSteck	–, Zu Haggai 1,2–11: ZAW 83 (1971) 355–379
THAT	EJenni-CWestermann, Theologisches Handwörterbuch zum Alten Testament I (1971.^{4}1984). II (1976.^{3}1984)

Abkürzungen

ThWAT	GJBotterweck-HRinggren-HJFabry, Theologisches Wörter-buch zum Alten Testament (1970ff.)
TUAT	RBorger-WHinz, Die Behistun-Inschrift Darius' des Großen: Texte aus der Umwelt des Alten Testaments (hg. OKaiser) I/4 (1984) 419–450
JWellhausen	–, Die kleinen Propheten übersetzt und erklärt (1892.[3]1898 = [4]1963)
JWWhedbee	–, A Question-Answer-Scheme in Haggai 1. The Form and Function of Haggai 1,9–11: Biblical and Near Eastern Studies. Festschr WSLaSor, ed. GATuttle (Grand Rapids 1978) 184–194
HWWolff, Anthropologie	–, Anthropologie des Alten Testaments (1973.[4]1984)
ASvanderWoude	–, Haggai Maleachi (1982)
JZiegler	–, Duodecim prophetae: Septuaginta Gottingensis XIII (1943.[3]1984)

100